PORTRAIT

DE

PHILIPPE II,

ROI D'ESPAGNE.

PORTRAIT

DE

PHILIPPE II,

ROI D'ESPAGNE.

A AMSTERDAM.

1785.

PRÉCIS

HISTORIQUE.

PHILIPPE II n'eſt plus que cendres ; deux cens ans le ſéparent de l'inſtant où j'écris ; ſa renommée aujourd'hui appartient à la juſtice des ſiecles. J'ai voulu peindre ſon deſpotiſme terrible & ſuperſtitieux , raſſembler les traits de cette phyſionomie cruelle qui fait horreur dans l'hiſtoire ; j'ai voulu inſpirer aux autres l'indignation dont j'ai été pénétré moi-même. La conſcience dicte à l'écrivain ce qu'il doit faire ; & le vul-gaire, inſenſible aux grandes calamités qui ont peſé ſur l'eſpece humaine, ou n'en gardant qu'un trop foible ſouvenir , ne conçoit pas ce qui nous porte à frapper dans la tombe ces redoutables ennemis du genre humain.

Combien cette tête devenoit effrayante à meſure que je la conſiderois! Si l'on vit jadis un ſtatuaire tomber aux pieds du Ju-piter que ſon ciſeau venoit de finir, je puis auſſi dire avoir reculé d'effroi devant l'image que j'avois tracée.

La plume vengereſſe de l'écrivain doit flétrir les méchans rois; car c'eſt là hono-rer les bons. Tous paſſeront à leur tour

fous le burin véridique qui dénoncera à
la poſtérité leurs attentats ou leurs heureuſes
qualités. Les moindres traits de leur caractere feront amenés au grand jour ; ils feront
livrés, de quelque voile qu'ils s'envelop-
pent, au jugement des hommes nés & à
naître.

Depuis Tibere, jamais tyran plus ſombre
& plus cruel ne s'eſt aſſis ſur un trône ;
c'eſt ſur un lac de ſang (& l'image ici
n'eſt pas outrée) qu'il a fait voguer le vaiſ-
ſeau de l'égliſe romaine. D'accord avec l'Inquiſition, il protégea ſes fureurs en Flandre, en Eſpagne, & voulut la porter juſqu'en Amérique. Cruel par caractere &
par principes, jamais la clémence & la
pitié ne trouverent d'accès dans ſon cœur ;
il s'aſſocia deux ames dignes de la ſienne :
c'étoient le cardinal Granvelle & le duc
d'Albe ; il leur confia toute ſon autorité,
parce que ces miniſtres étoient durs & impitoyables comme lui.

Il voulut joindre à ſon pouvoir, déjà ſi
terrible, un gouvernement religieux, parce
que celui-ci domine l'homme tout entier.
De même que l'univers eſt ſoumis à l'autorité de Dieu, ainſi le deſpotiſme religieux
prétend aſſervir le monde politique ; alors
tout rebelle eſt hérétique, & les hérétiques
ſont toujours traités ſur le pied des rebelles. On eſt coupable envers le trône dès
que l'on eſt plus croyant. La monarchie
religieuſe eſt donc la plus dangereuſe de

routes; c'étoit celle que vouloit établir Philippe II. Il tenta de marier l'autorité spirituelle à l'autorité temporelle (1). Point de despotisme sur la terre plus fier, plus atterrant ; ajoutez que cette monstrueuse forme de gouvernement s'attribue encore une sagesse & une vertu particulieres.

Depuis quelques siecles le gouvernement ecclésiastique avoit pris pour modele l'ancienne forme de l'Empire Romain. Ces idées, soutenues de tout l'appareil de la religion, avoient les dehors les plus imposans ; elles enchaînoient de toutes parts les volontés, & les soumettoient à un seul culte; de là à une seule loi il n'y avoit qu'un pas. Plusieurs princes voulurent donc réunir l'empire & le sacerdoce, parce qu'ils devoient hériter par ce moyen de la puis-

---

(1) Un jugement de l'Inquisition d'Espagne décida que tous les peuples des Pays-Bas étoient apostats, & conséquemment criminels de lese-majesté. Les comtes d'Egmont & de Horn furent exécutés. On étoit sur-tout redevable au premier des victoires de Saint-Quentin & de Gravelines. Philippe II aspirant à la couronne de Portugal, empêcha le cardinal Henri, grand-oncle du roi défunt, de se marier ; agissant si bien en cour de Rome que les dispenses ne vinrent point. Après la mort du cardinal, Philippe II s'empara de cette couronne sans coup férir. Ce persécuteur obstiné des consciences renouvella les proscriptions romaines, & des têtes illustres furent mises à prix.

fance la plus étendue. Philippe II, furpaf-
fant en orgueil fes prédéceffeurs & fes con-
temporains, n'accordoit l'infaillibilité au
pape que pour s'arroger à fon tour les
mêmes prérogatives, que pour commander
avec la croix comme avec l'épée; lorfqu'il
s'agiffoit de fes intérêts, il ne vouloit être
contredit ni contrarié de perfonne; il falloit
trembler dès qu'il prenoit fon *crucifix* en
main. Le pontife le plus intolérant parloit
par la bouche du monarque le moins fenfible.

Il en réfulta un efprit de perfécution qui
fe changea en fanatifme politique; il em-
braffa à la fois & corrompit toutes les parties du gouvernement, qui fut alors dans
la cruelle néceffité de tout fubordonner,
de tout immoler aux idées religieufes. Son
principal but fut d'éloigner tout homme
qui penfoit, de flétrir & de rendre fufpect
tout ce qui refpiroit l'efprit de recherche.
Comment tant de maux font-ils émanés
d'une religion ayant un principe de bonté
univerfelle?

Ce defpotifme honteux gâta la légifla-
tion dans toutes fes branches, la rendit à
la fois atroce & minutieufe. Le formel de
la religion, femblable à une étiquette fatigante, engendra, par fes gênes perpétuelles,
l'hypocrifie, fource de tant de vices; les
préjugés les plus cruels & les plus dérai-
fonnables s'accrûrent en raifon inverfe des
lumieres & de la liberté. Tel fut le déplo-

rable fort de l'Efpagne; le fanatifme y fut
bâtir à fon aife dans les vaftes plaines de
l'ignorance; les peuples furent abrutis: mais
l'autorité n'y gagna point tout ce qu'elle
comptoit y gagner; les hommes, fous ce
double joug, paffent ordinairement d'une
obéiffance aveugle à une défobéiffance toute
femblable. Philippe III fut obligé de reconnoître les Provinces - Unies pour état
libre & indépendant. Il s'obligea de ne
point gêner leur commerce dans les Indes
ni dans l'Amérique.

Le monarque que je peins étoit roi
d'Efpagne, des Deux-Siciles, des Pays-
Bas, maître de Tunis, d'Oran, des Ca-
naries, & de quelques ifles du cap Verd;
des Philippines, des ifles de la Sonde &
d'une patie des Moluques; des empires
du Méxique & du Pérou, de la Nou-
velle-Efpagne, du Chili, & de prefque
toutes les ifles qui font entre les deux
continens de l'Amérique & de l'Europe.
Dieu de l'univers, quel immenfité de pouvoir réunie dans la main d'un feul homme
qui n'en méritoit plus le nom!

Tout auroit pu placer ce Monarque
au-deffus de tous ceux que le Ciel a chargés du gouvernement de la terre; il auroit
pu tourner cette force du côté de la véritable gloire: mais il n'en avoit pas la
moindre idée. Pendant quarante-deux ans
qu'il trama dans fon cabinet l'afferviffe-
ment de l'Europe, il ne donna point un

feul jour au bonheur du monde; toujours fourbe, toujours cruel, toujours fuperfti- tieux, il ne manqua jamais l'occafion d'une petite févérité, ni celle d'une punition barbare.

Il médita la conquête de l'Angleterre, comme s'il eût eu horreur de tout ce qui tenoit à la liberté. Sans Drake qui brûla cent de fes vaiffeaux dans le port de Cadix, fans la tempête qui difperfa cet armement formidable, connu fous le nom de l'*invincible armada*, cette précieufe république étoit effacée de deffus le globe. (1)

---

(1) Voici de quelle maniere un poëte a peint cet événement. « Une flotte formidable fait mugir les flots. C'eft plutôt une armée de châteaux flottans ; on l'appelle l'*invincible*, & la terreur qu'elle infpire, confacre ce nom ; l'Océan qui tremble fous fon poids, paroît obéir à fa marche lente & majeftueufe; elle avance, cette flotte terrible, comme un orage qui groffit ; elle eft prête à fondre fur l'ifle généreufe que le Ciel regarde d'un œil d'amour, fur l'ifle fortunée dont les nobles habitans ont le droit d'être libres, & l'emportent en dignité fur tous les habitans de la terre, parce qu'ils ont fu faire des loix qui enchaînent depuis le roi jufqu'au dernier citoyen ; ils ont voulu être libres, ils le font devenus ; le génie & le courage maintiennent leurs auguftes privileges. Jamais cette ifle fi chere aux grands cœurs, aux ennemis de la tyrannie, ne parut fi près de fa ruine. Les hommes généreux qui d'un pole à l'autre s'intéreffent à cette majef-

Quel eût été son pouvoir si, déja maître d'une partie de l'Europe par l'héritage de ses peres, il eut joint l'Angleterre, dont il avoit été roi, à ses royaumes! Elisabeth auroit échoué contre la formi-

---

tueuse république, croyoient sa délivrance impossible ; mais le Tout-Puissant voulut conserver le noble rempart de la liberté, cet asile inviolable de la dignité humaine ; il souffla, & cette flotte invincible fut brisée & dispersée ; ses débris épars furent suspendus aux pointes des rochers, ou couvrirent les bancs de sable, écueils vengeurs où s'anéantirent l'arrogance & la témérité. »

Ces mots du poëte, *le Tout-Puissant souffla*, font illusion à la médaille que la reine Elisabeth fit frapper en mémoire de ce grand événement. On voyoit au revers une flotte fracassée par la tempête, avec cette légende : *Afflavit Deus, & dissipati sunt.*

Cette flotte étoit composée de cent trente vaisseaux, tant galions que galéasses ou galeres, de deux mille deux cen-quatre-vingt-quatorze pieces de canon, de neuf mille cinq cens cinquante matelots, de trente-trois mille huit cents soldats ; deux ou trois armées étoient prêtes à s'embarquer au premier signal. L'anéantissement de cette flotte fut l'époque de la décadence de Philippe. Il n'exista plus avec cette majesté terrible qui commandoit la terreur & l'admiration ; tous ses projets devinrent bornés ; on eût dit qu'il n'avoit plus qu'un objet en tête, la destruction du parti calviniste en France. Il épuisa les mines du Nouveau-Monde ; mais ses richesses furent insuffisantes.

dable puissance Espagnole (1); mais ce qui fit heureusement la foiblesse de cette

------

(1) Philippe II, qui avoit déjà partagé le trône de Marie, étoit détesté de tous les Anglois. Ils avoient démêlé son esprit superbe, faux & cruel; ils redoutoient l'excès de son amour pour le saint-siege. Elisabeth ayant à se délivrer des poursuites de Philippe II, se décida à la réformation. La liberté que donnoit le calvinisme, convenoit mieux à une femme du caractere d'Elisabeth qui avoit du goût pour les sciences. Les moyens dont se servit Elisabeth pour établir la réformation en Angleterre, furent adroits; & bientôt on laissa passer un acte solemnel qui déclaroit la reine souveraine gouvernante de son église dans son royaume, tant au spirituel qu'au temporel; ainsi l'on vit des hommes d'état, des têtes politiques, s'assembler gravement pour donner à une femme le droit de créer les évêques, & d'extirper les hérésies. Les prélats qui résisterent, c'est-à-dire, qui aimerent mieux renoncer à leurs bénéfices qu'à leur religion, composerent le plus petit nombre. C'est bien le cas de dire, avec le président de Thou, que *si les grands événemens pouvoient se prévoir, ils n'arriveroient jamais* Les ordres d'Elisabeth contre les catholiques furent rigoureux. Ce fut la bulle de Pie V qui occasionna quelques violences qui furent passageres. Elisabeth fut intolérante, parce que les catholiques de ses états furent très-imprudens. Paul IV répondit aux résidens d'Angleterre, lorsqu'ils lui notifierent l'avénement d'Elisabeth à la couronne, qu'elle n'y avoit aucun droit, parce qu'elle était *bâtarde*, & que l'Angleterre étoit *un fief du saint-siege*.

monarchie, malgré ſes grandes poſſeſſions, c'eſt qu'il n'y eut jamais d'enſemble parmî les mêmes ſujets; on ne ſut point compoſer un peuple de tant de peuples différens. La conquête avoit ſéparé les Catalans, les Aragonois, les Portugais, les Napolitains, les Flamands; les faveurs de la cour n'étoient que pour les habitans de Madrid; & le miniſtre Olivarès diſoit fort bien que le vaſte amas des provinces Eſpagnoles n'étoit qu'un corps fantaſtique, ſoutenu de l'opinion & non de la réalité: ainſi la grandeur de cette nation s'oppoſoit à ce ſouffle vivifiant, qui, dans l'ordre de la politique, fait l'organiſation des états. Et qu'eſt-ce au fond que cette multitude de ſujets qu'il faut protéger & défendre, & qui deviennent inutiles à l'enſemble, dès qu'ils ne peuvent plus faire participer leur force ni leur induſtrie à l'intérêt général? On pourroit propoſer ici pour emblême ces vaiſſeaux qui, par leur prodigieuſe peſanteur, ſont incapables de naviger ſur l'Océan, & qui reſtent immobiles dans le port, comme un objet d'oſtentation ou de curioſité.

Les mines de l'Amérique ſembloient lui aſſurer de grandes richeſſes, & néanmoins ſes finances furent ſouvent épuiſées. Il emprutoit de la république de Gênes, il demandoit à la cour de Rome des octrois ſur les biens eccléſiaſtiques, & l'on vit ſes troupes (qui le croiroit!) faute de paiement, se mutiner au siege d'Amiens.

Que n'a pas fait Philippe II contre Henri IV ! que d'artificieux efforts pour empêcher sa réconciliation avec le S. Siege! Comme beau-frere des trois derniers monarques, son but étoit de faire tomber la couronne de France à sa fille Isabelle qui en étoit la niece.

On ne le ménageoit point en France. Jugé de son vivant, il étoit comparé à Pharaon, & l'on écrivoit de lui en propres termes : *Ce vieux satrape, couvert du sang de son fils, de celui de sa femme, veut, comme un Xerxès, couvrir la mer de ses vaisseaux ; mais ils ont été précipités par le Ciel sur les rochers d'E-cosse & d'Irlande. Ce vieux roi, déjà radotant, & déjà un pied dans le tombeau, duquel tous les états branlent & ne sont qu'attendre que sa derniere heure sonne pour secouer le joug..... Son empire est comme un buffet marqueté, composé de pieces rapportées qui se désuniront.*

Mais ces invectives que la haine prodiguoit, n'empêchoient pas que ce ne fût constamment un terrible cabinet que celui de Philippe II. Maître des trésors de l'Amérique & de l'Asie, il remuoit l'Europe à son gré, & dans toutes les affaires il obtenoit la prépondérance : il se croyoit si sûr de ses projets, qu'il disoit ouvertement : *Ma bonne ville de Paris, ma bonne ville d'Orléans.* S'il avoit su profiter de la victoire après la bataille de Saint-Quentin, il eût pu renverser la monarchie ; mais dans l'histoire des batailles on voit prefque toujours le vainqueur, las ou étonné de fon fuccès, n'avoir pas l'habileté de pourfuivre fa fortune.

La maifon d'Autriche déceloit une ambition foutenue, & un efprit de domination orgueilleufe ; mais elle perdit en intrigues & en négociations le tems qu'il falloit employer à combattre & à vaincre. Philippe II auroit pu ruiner la France ; mais fa politique ne ruina que la ligue : il n'eut point le courage d'un Edouard ou d'un Charles V. La conquête du Portugal, fi on peut l'appeller ainfi, fut le feul avantage que la monarchie Efpagnole eut fous le regne de Philippe II. Il feroit devenu redoutable, fans cette multiplication d'affaires qui lui fit mêler inceffamment le fanatifme religieux aux devoirs de l'empire. Enfin, ce monarque fombre & atrabilaire fit tant de mal à la France, que le mécontentement national fe manifefta contre l'Efpagne, & contre tout ce qui portoit le nom Efpagnol. Ce reffentiment exifta long-tems dans nos provinces méridionales, où j'en ai vu encore des traces, où la fimple tradition y avoit perpétué le fouvenir des calamités publiques. Les prétentions de l'Efpagne, prefque toutes fondées fur une infupportable & arrogante vanité, offenfoient à jufte titre l'orgueil national ; puis la préféance qu'affectoit par-tout l'Efpagnol, devenoit fatigante & ridicule.

Charles-Quint avoit donné à l'univers un fpectacle extraordinaire, en abandonnant

tout-à-coup le projet d'une monarchie uni-
verselle, en se démettant de ses vastes états,
& en abdiquant la couronne en faveur de son
fils qu'il n'aimoit point. C'étoit un événement bien remarquable de voir ce puissant
empereur faire succéder les offices, le chant
des pseaumes, & les autres exercices claus-
traux aux fonctions royales, militaires &
politiques (1). Comment est-on dégoûté de
ces grandes occupations qui élevent l'ame,
la remplissent, & portent avec elles un si
puissant intérêt, que doit suivre une satisfaction inconnue à nous autres foibles particuliers ?

Cet ambitieux s'étoit démis du pouvoir
suprême avec tous les dehors de l'indiffé-
rence ; il avoit fini son rôle par se coucher
publiquement dans un cercueil, & par faire
chanter autour de lui l'office des morts,
comme s'il n'étoit plus : mais il manquoit à
ses obseques une voix mâle & intrépide qui
fît tonner la vérité ; non celle qui est scanda-
leuse, ou qui tient à de futiles objets, mais
cette vérité qui instruit le présent & l'avenir, en révélant à la terre les erreurs ou les
crimes politiques des souverains, en dé-
nonçant leurs fatales méprises ; cette vérité

---

(1) Il avoit à la bouche des maximes qu'il
auroit dû mieux sentir. *Les gens de qualité,*
disoit-il, *me dépouillent, tandis que les gens de
lettres m'instruisent, & que les marchands m'en-
richissent.*

enfin,

enfin, qui repréſenteroit ſous des couleurs frappantes les mauvais riches portant ſcep-tre & couronne, les princes qui n'ont point d'argent pour bonifier leurs vaſtes domaines, & qui le prodiguent pour dévaſter ceux d'autrui.

Charles-Quint faiſoit toujours le contraire de ce qu'il juroit ou promettoit; car l'ambiguité formoit la baſe de ſon caractere. Cette étonnante abdication l'on en ignore encore le vrai motif; mais après avoir joué la comédie du cercueil, il ne tarda point à s'en repentir. A peine Philippe II fut-il reconnu dans le royaume, que Charles - Quint fut dédaigné. Ignoré de ſes ſujets, il étoit au milieu d'eux comme dans un pays étranger. Les courtiſans voyant qu'il n'y avoit rien à gagner, ne lui faiſoient plus de viſites. Il s'étoit réſervé une ſomme pour récompenſer ſes ſerviteurs: l'ingrat Philippe II en différa le paiement. L'ancien maître de tant de royaumes n'avoit plus d'argent, & ſe pro-menoit dans un cloître ſolitaire un bréviaire à la main; tous les vendredis de carême il ſe donnoit la diſcipline avec la communanté. Etrange ſpectacle que cet empereur donnoit au monde!

Cependant l'acte de ſon abdication avoit été ſolemnel & même touchant; il preſſa ſon fils entre ſes bras, en lui diſant: *Vous ne pouvez me payer de ma tendreſſe qu'en tra-vaillant au bonheur de vos ſujets; puiſſiez-vous avoir des enfans qui vous engagent à faire un*

B

jour pour l'un d'eux ce que je fais aujour-
d'hui pour vous !

L'ame de Charles étoit-elle réellement au-
deſſus d'un trône, ou n'étoit-ce que l'effet
d'un dégoût paſſager ? Les hiſtoriens ſe ſont
permis bien des conjectures, & peu ſont
ſatisfaiſantes. Perſonne avant lui n'avoit imaginé d'aſſiſter à ſes propres obſeques; il s'en-
rhuma dans ſon cercueil de plomb, tandis
qu'on chantoit autour de lui des pſeaumes
funebres, & mourut dans l'année des ſuites
de ce rhume.

Charles - Quint avoit été intolérant ; cet
eſprit de perſécution qui repouſſe les lumieres naturelles, avoit rendu ſon génie
funeſte à l'univers. Voulant dans ſa retraite
metrre deux horloges parfaitement d'accord,
il ne put en venir à bout, & ce mot lui
échappa : *Comment deux hommes auroient-ils*
donc la même croyance ? Il eſt trois points
d'autorité que Dieu n'a jamais partagés avec
les hommes, dit un auteur moderne, le
droit de diſpoſer des conſciences, le droit
de prévoir l'avenir, & le droit de faire ſortir
quelque choſe de rien.

Philippe II, dans ſon orgueil deſpotique,
héritant de ces fauſſes idées, vouloit aſſujet-
tir les hommes à l'uniformité de ſa croyance.
Tel étoit le fonds de ſon caractere, & la
baſe immuable de ſes actions. A peine fut-il
ſur le trône, qu'il fit brûler en effigie le prédicateur & le confeſſeur de Charles-Quint
ſon pere ; & peu s'en fallut qu'il ne flétrît la

mémoire de cet empereur, en le déclarant hérétique. Cette étrange superstition étoit-elle dans son cœur, ou dans le génie Espagnol ?

Le puissant Charles - Quint avoit voulu consommer les desseins de Maximilien & de Ferdinand, & achever cette haute fortune qui devoit embrasser l'Europe ; mais son ambition trop vaste ne fut pas soutenue par un génie assez guerrier. Il ne mit pas à profit ses longues prospérités (1) ; ses guerres furent trop coupées, il ruina lui-même la fortune dont il avoit hérité, en faisant la faute politique de regarder l'asservissement de l'Em-

----

(1) Les succès de ses armes néanmoins furent extraordinaires. La fortune lui donna deux empires dans le Nouveau-Monde ; il remporta par ses lieutenans quarante glorieuses victoires ; il termina à son avantage soixante & dix guerres, fit taire des révoltes dangereuses en Allemagne, ruina la ligue de *Smalcalde*, & obligea deux fois Soliman à lever le siege de Vienne, assiégee par trois cens mille Turcs ; il donna la chasse aux pirates sur toutes les mers qui baignoient les côtes de ses états ; il défit dans son premier voyage d'Afrique le fameux Barberousse, dont l'armée étoit de seize mille chevaux & de deux cens mille hommes de pied. Il dut une partie de ses conquétes à sa promptitude ; souvent il accouroit en poste d'une extremité d'un royaume à l'autre, pour calmer un commencement de sédition. Ce qu'il craignit le plus, & ce qu'il se mit en devoir d'appaiser avant tout, ce furent les révoltes d'Allemagne.

pire, comme le premier pas qui devoit le conduire à la monarchie univerfelle. Cette erreur divifa fa puiffance; & fa précipitation à faire élire fon frere, roi des Romains, fut peut-être dans la fuite la principale caufe du falut de l'Europe. L'empire d'Allemagne refpira fous un joug plus léger.

Heureufement que Charles-Quint ne put difpofer de l'Empire comme de fes états héréditaires. Il eût laiffé toute fa puiffance entre les mains de fon fils; déjà il fe repentoit d'avoir procuré à fon frere le titre de roi des Romains, après avoir tenté de l'y faire renoncer par les offres les plus infidieufes. Il s'étoit eff rcé de gagner une diette; mais le Corps Germanique, toujours vigilant pour fa liberté, redoutoit un chef trop puiffant qui auroit pu devenir dangereux. Charles-Quint n'ayant pu vaincre l'oppofition de fon frere, laiffa malgré lui l'Empire à Ferdinand.

La maifon d'Autriche étoit donc fur le point d'envahir l'Europe. Richelieu apperçut pour l'avenir l'étendue du péril, & fous ce point de vue il p ut être confidéré comme le bienfaiteur de plufieurs nations Européennes. La monarchie univerfelle étoit le rêve de Philippe II, ainfi qu'il l'avoit été de Charles-Quint; mais la fituation des états de ce dernier empereur étoit beaucoup plus favorable à fes deffeins. La maifon d'Autriche touchoit alors au plus haut terme de grandeur, au plus haut degré de puiffance; les anciens fujets étoient foumis & aguerris;

les Efpagnols s'enrichiffoient des tréfors du Nouveau-Monde ; les Pays-Bas menaçoient également la France & l'Empire ; & la religion, livrée à de violens débats, lui fervoit tour-à-tour de prétexte pour mettre en feu les états, pour en divifer les princes, ou pour les réunir.

La monarchie Efpagnole perdit beaucoup de fon crédit fous le regne de Philippe II, parce qu'il épuifa fon pays pour conferver les héritages de la maifon de Bourgogne, & qu'il ne tenoit pas en main ce reffort unique & général, qui, fous le regne de fon pere, avoit donné le même mouvement à toute cette grande puiffance.

La politique de Philippe II étoit artificieufe, mais oifive. Ce *démon du midi*, ainfi qu'on l'appelloit, fongeoit moins à profiter du trouble & de la divifion qu'il fouffloit dans toute l'Europe, qu'à les faire naître. Connoiffant tout le pouvoir des papes & de la religion, il fut fe l'approprier en affectant pour le catholicifme un zele fans bornes. Par ce moyen, il devenoit l'appui & le vengeur de tous les pays catholiques ; il forçoit le pape à lui déférer fon immenfe autorité ; il régnoit par l'opinion, ainfi que par les armes. Comment fes ennemis auroient-ils pu échapper à ce double afcendant ?

Voilà ce qui explique fes fureurs fuperftitieufes & non interrompues ; mais la lenteur de fes opérations devenoit heureufement auffi dangereufe que l'imprudence même ;

& fans la faute de fes ennemis, l'Efpagne auroit perdu plus qu'elle ne fit. Philippe II, malgré cette oftentation de pouvoir, ne fut-il pas obligé de demander la paix à Henri IV ? Ne perdit-il pas Tunis & le fort de la Goulette ? Une partie des Pays-Bas fecoua fon joug ; il menaça inutilement l'Angleterre.

Il donnoit en même tems à de petits objets un tems que réclamoient inutilement les circonftances les plus heureufes, pour donner à fa fortune un plein effor. Une tracafferie eccléfiftique l'occupoit auffi férieufement que l'affaire de la ligue ; il s'intéreffoit à des réglemens pour un chapitre de moines, comme au fuccès d'une bataille. Toujours docile aux volontés des papes (1) dès qu'ils parloient,

---

(1) On vit dans ce fiecle un fouverain pontife, devenu chef d'armée, faire alliance avec le roi Très-Chrétien contre le roi Très-Catholique ; on vit des cardinaux fe charger d'une cuiraffe, avoir la lance au poing ; & l'on fit publiquement des reproches au cardinal Caraffe de ne rien entendre à la tactique & aux évolutions militaires. Philippe II fut entiérement fubjugué par l'opinion de fon fiecle. Il figna un traité de paix honteux avec Paul IV ; il s'humilia jufqu'à folliciter un pardon du fouverain pontife. Ce pape fe vantoit à chaqu'inftant d'abaiffer la fierté Efpagnole ; il s'oppofa au couronnement de Ferdinand, frere de Philippe, élu roi des Romains ; il répandit contre lui un libelle fous le nom de manifefte ; il perfécuta, il fit emprifonner les Colonnes, de tous tems vendus

il avoit tant de haine pour les réformés , qu'il facrifioit fa tranquillité & fa réputation au defir de les immoler ; il fecondoit fes ennemis même , pour peu qu'ils montraffent quelque animofité contre les proteftans. Il fe réjouiffoit enfin des fuccès d'une nation rivale , lorfqu'ils étoient contre les réformés.

Il fut le premier à croire, ou du moins il voulut qu'on crût le pape infaillible. Sa politique étoit fans doute de tourner cette opinion facrée contre fes ennemis , & de ne pas fouffrir qu'elle trouvât des contradicteurs.

La fupériorité de la maifon d'Autriche n'étoit pas entiérement due à Charles-Quint ; il fuccédoit à deux princes qui lui avoient préparé un regne glorieux, Maximilien & Ferdinand. Le premier , profond dans fes vues avoit un génie toujours agiffant ; il divifoit ceux qu'il ne pouvoit vaincre. Le fecond , fouple , hardi , artificieux , n'avoit jamais rien eu de facré. Ces deux princes

---

à la maifon d'Autriche ; enfin , ce pape altier attribuoit au pontificat la vertu de tenir les rois & les empereurs à fes pieds. Sous Pie V , Philippe II montra la même foibleffe. Si l'opinion fe fût conftamment établie , que l'autorité des papes , qu'ils exercent de droit divin fur les chofes fpirituelles , pût s'étendre fur les couronnes des rois , tous les royaumes feroient foumis aujourd'hui à la tiare ; on eût vu les rois excommuniés , & leurs états donnés aux inftrumens de cette étrange domination.

formerent le projet de la monarchie univerfelle, & le laifferent en héritage à leurs def-
cendans. Cette idée flatta l'ambition de Charles-Quint, qui furprit l'Europe dans un moment de trouble univerfel : elle faillit de perdre
fa liberté ; mais François 1er. (1) & la France ne

____

(1) La rivalité qu i exifta entre François premier
& Charles-Quint, forme une époque curieufe
dans l'hiftoire. Ces deux princes, oppofés l'un
à l'autre, avoient un caractere tout différent ; &
qui fe lifoit, pour ainfi dire, fur leurs phyfiono-
mies. François Ier. avoit la taille haute & quar-
rée, le front large, le nez aquilin, l'air mar-
tial ; il étoit de facile accès s'exprimoit heureufement. Charles-Quint avoit les cheveux
blonds, le vifage long, le teint blême, la levre
de deffus fort groffe & pendante. Il aimoit à
être feul, il parloit peu ; il invitoit les autres à
s'ouvrir, ne s'ouvrant jamais lui-même ; il ne
pouvoit fouffrir qu'on le regardàt fixément ; car
lorfqu'il fut queftion de fatisfaire la curiofité de
Maximilien Ier. fon aïeul, qui demandoit fon
portrait, il fallut le mettre entre les pointes de
quatre épées, pour l'obliger de donner le tems
au peintre de le confidérer. François Ier. aimoit
les actions d'éclat, les louanges flatteufes & la
volupté. Il vuidoit fon tréfor pour fes plaifirs,
fans trop s'embarraffer enfuite comment il le
rempliroit. Inhabile à former des pieges, preux
chevalier, il attendoit tout de fon courage. Charles-Quint, férieux & réfléchi, voiloit une ambition démefurée, & n'ufoit de la force qu'après
avoir déployé la rufe & l'artifice. Il haiffoit la
dépenfe & mettoit beaucoup de réferve dans fes

fe laiſſerent point effrayer ni entamer. La
bravoure de nos aïeux fit la balance : ce qui
ſauva la liberté de l'Europe. Qu'elle ſe re-
place aujourd'hui à cette époque , & elle
ſentira qu'elle doit quelque reconnoiſſance à
la valeur des François.

Il eſt très-vraiſemblable que Philippe II
avoit long - tems eſpéré de réunir la France

---

plaiſirs , évitant tout ſcandale & cachant avec
ſoin ſa maîtreſſe favorite. Jean d'Autriche , ſon
fils naturel , ne put jamais diſtinguer entre deux
dames celle qui étoit ſa mere.

François Ier paya de ſa perſonne dans les combats. Charles-Quint fit la guerre ſur-tout par
ſes lieutenans. Ses proſpérités ne furent interrompues que par l'échec qu'il reçut devant Metz,
par l'habileté du duc de Guiſe. On a voulu dire
que la honte qu'il en eut , fut le motif de ſon
abdication. François Ier, emporté par une bravoure aveugle , fut priſonnier à Madrid , & n'y
perdit pas la dignité qu'il devoit à ſon rang.
Ces deux rivaux qui tinrent l'Europe en ſuſpens ,
figurent avantageuſement dans l'hiſtoire ; mais
après avoir bien examiné ces deux grands per-
ſonnages qui font contraſte , on ſe décide pour
François Ier , en ce que ſon caractere offre une
franchiſe & une généroſité qui ne l'euſſent point
fait abuſer de la victoire , s'il avoit eu tous les
avantages de ſon adverſaire. Sans ce roi belli-
queux , la fortune de Charles-Quint auroit pu
s'étendre à un point effrayant pour ceux qui
aiment à voir le cours des événemens rompre
l'ambition démeſurée , & briſer l'orgueil qui tend
à renverſer les barrieres des libertés nationales,

à l'Eſpagne ; car il vouloit vaincre le parti du roi par la ligue , & la ligue par le parti du roi (1). Mais dès que les François eurent reconnu leur légitime maître , la France reprit ſa ſupériorité , qui fut très-utile à ſes voiſins. Henri IV releva les eſpérances de l'Empire , & fit entrevoir à ſes princes qu'on pouvoit forcer l'orgueil des empereurs à plier ſous la majeſté des loix germaniques.

Si depuis le cardinal de Richelieu humilia enfin cette formidable maiſon d'Autriche , c'eſt qu'il avoit hérité du génie & des deſſeins de Henri le Grand (2).

Richelieu devint l'ame de toute l'Europe ; il fit que le célebre Guſtave-Adolphe conſ-

---

(1) Il ſe perſuadoit quelquefois avoir des droits ſur la Bretagne ; il oſoit dire que par la mort de Henri III , le duché de Bretagne étoit dévolu à l'infante ſa fille , comme héritiere de ſa mere , fille ainée de Henri II. Ce titre devoit tranſmettre , ſelon lui , à ſes deſcendans l'héritage de la maiſon de Valois.

(2) Henri IV vouloit mettre des bornes à l'ambition & au pouvoir de la maiſon d'Autriche , ſoit en Allemagne , ſoit en Italie. Nulle entrepriſe ne fut jamais mieux concertée. Henri ſe liguoit avec l'électeur de Brandebourg lorſqu'il fut aſſaſſiné. C'eſt un beau rêve politique que le projet de république chrétienne , attribué au même prince. Si cette idée ſublime a été conçue dans un tems où les lumieres n'étoient ni ſi grandes ni ſi étendues que de nos jours , pourquoi n'a-t-elle pas été repriſe ?

terna l'empereur , que l'Espagne trembla devant la France. Sa politique savante , & non moins hardie , substitua la maison de Bourbon à la maison d'Autriche , & lui attribua la puissance dont celle-ci avoit joui dans l'Europe. Point de doute que l'Europe n'y ait réellement gagné ; car en ruinant la grandeur de la maison d'Autriche qui aspiroit à d'injustes & immenses dominations, la puissance des François forma l'ombre à laquelle plusieurs républiques dûrent leur naissance ou leur tranquillité.

Avouons en même tems que la politique profonde de Richelieu avoit fasciné, pour ainsi dire , les yeux de l'Europe ; car il avoit travaillé à augmenter considérablement la puissance enviée des François. Ce qui le prouve , c'est que l'Europe revint sur ses pas , quand Louis XIV , trop épris de son pouvoir, déploya un orgueil fastueux. L'Europe alarmée embrassa les intérêts de ses premiers ennemis , pour établir un équilibre , qui , véritable ou imaginaire , devoit faire sa sûreté.

Les conquêtes effervescentes de Louis XIV eurent donc leur source dans le mouvement que Richelieu avoit imprimé ; & quand on considere aujourd'hui la prépondérance inattendue qu'il donna au trône de Louis XIII , l'heureux abaissement de ces grands , ennemis du peuple & du roi , la création des arts dont nous jouissons , & qui endormirent à propos les factions , sa rare & étonnante prévoyance fur une multitude d'objets , on doit le regarder comme le plus grand homme d'état dont la France puiſſe encore ſe glori-fier ; nul autre n'a poſſédé ſon génie.

On jouit d'un ſpectacle bien intéreſſant , & qui forme la preuve la plus glorieuſe du courage conſtant de la nation Françoiſe , & des reſſources extraordinaires qu'elle porte en elle-même , quand après la peinture des débats entre la maiſon d'Autriche , & la mai-ſon de Bourbon , à la ſuite des déſordres de nos guerres civiles , lorſqu'enfin Philippe II étoit ſur le point de donner la France à ſa fille Iſabelle (1) , on voit ce royaume , ſorti à peine de ſes ruines ſous Henri le Grand , humilier tout-à-coup ſes voiſins orgueilleux ou jaloux , & conclure ce célebre traité de Vervins , qui fut le ſignal de l'abaiſſement de la monarchie Eſpagnole. Que dis-je ! l'Eſ-pagne même paſſa au petit-fils de Louis XIV , &, aux droits de la naiſſance, la France joignit la gloire de conquérir cette couronne. Ainſi la ſuperbe maiſon d'Autriche perdit ſon au-

---

(1) La bulle de Sixte-Quint contre les Bour-bons prenoit ſa force dans les opinions fanatiques du ſiecle. Les termes en ſont curieux pour le tems où nous vivons. Sixte-Quint dit : *Le pou-voir pontifical eſt infiniment au deſſus de toutes les puiſſances de la terre ; c'eſt lui qui fait deſ-cendre du trône les maîtres du monde pour les précipiter dans l'abyme , comme des miniſtres de Lucifer , &c.*

tique supériorité, & la perdit pour jamais. On applaudit à cette chûte, quand on considere l'ame & la polique d'un Maximilien, d'un Ferdinand, d'un Charles-Quint, enfin d'un Philippe II.

Et lorsque l'on songe que, si ce dernier monarque avoit pu du moins se résoudre à satisfaire les prétentions de la Savoie, de la Lorraine & des Guises, il eût peut-être arraché la victoire à notre Henri IV, & commencé véritablement à régner sur la France qui auroit perdu ses forces, on voit avec effroi combien l'ambition de la maison d'Autriche étoit hautaine, & pouvoit devenir dangereuse à nos libertés nationales.

Le seizieme siecle est le siecle le plus marqué par de grands crimes, & par de grands événemens. Quels rois, grand Dieu, étoient alors assis sur les trônes! Catherine de Médicis, Charles IX, Henri III, Philippe II, Christiern II, Henri VIII, sans compter les papes artificieux & cruels! Il est heureux de se trouver dans un tems où les rois sont humains & ménagent le sang des hommes.

Le protestantisme fut une barriere que les Cercles Germaniques opposerent à la trop grande puissance de Charles-Quint. On fit d'une dispute théologique un rempart contre la tyrannie; on ne concevra que d'après ces idées comment il s'est trouvé un prince qui commandoit à l'inquisition d'exterminer tout ce qui ne croyoit pas à la *transsubstantiation*: mais étoit-il possible en même tems que des peuples que l'on tourmentoit si cruellement pour ce dogme, ne réagissent point de toutes leurs forces ? Les réformés se régénérerent sous les coups dont on les accabloit.

Elisabeth fut l'auteur de leur indépendance: voilà son titre de gloire aux yeux de la postérité. Cette Elisabeth, avide de vraie gloire, tolérante & ferme, suivit le parti de l'honneur, & donna par sa sage administration une grande influence à l'Angleterre.

La Hollande & la Zélande, mécontentes du gouvernement de Philippe II, ayant fait offrir à Elisabeth de la reconnoître pour souveraine, elle répondit à leurs ambassadeurs, qu'il ne seroit ni beau ni honnête qu'elle s'emparât du bien d'autrui. Elle ajouta que la Hollande avoit tort d'exciter tant de tumulte pour la *messe* : mais après avoir parlé ainsi, elle sut agir en souveraine, c'est-à-dire, qu'elle sut deviner que les religionnaires deviendroient en Europe les partisans d'une liberté que Rome & la maison d'Autriche s'efforçoient d'anéantir.

On dit qu'Elisabeth viola le droit des gens en donnant du secours aux Hollandois ; qu'elle ne devoit pas se mêler de cette querelle ; qu'il ne lui étoit pas licite de s'établir juge des torts que Philippe II pouvoit avoir envers les Flamands. Ceci est un sophisme ; les états ne sont pas plus isolés que les individus. La saine politique, les loix sacréesde l'humanité, exigent que les injures faites à une nation soient apperçues & senties par

toutes les autres. L'intérêt de la grande société veut évidemment que les loix conſtitu-
tives d'un état ne ſoient pas impunément
violées ; la grande ſociété doit prendre part
aux outrages réfléchis & atroces d'un tyran
aveugle ou furieux ; c'eſt l'intérêt général
qui doit préſider à tous les mouvemens des
corps politiques : tel eſt le but eſſentiel de la
ſociété Européenne.

Quoi, une nation entiere verroit d'un œil
tranquille une nation voiſine, dont le ſang
couleroit ſous des caprices extravagans &
barbares ! Quand les loix humaines ſont violées, tout rentre alors dans le droit primitif ;
aſſiſter un peuple opprimé, & le ſoutenir
dans ſes généreux efforts, voilà le cri de la
nature : cri puiſſant, conforme aux principes
de la liberté naturelle ; réclamation tour-à-
tour utile à toutes les nations ; car il s'agit
ici de l'intérêt des peuples contre celui de
quelques ſouverains.

L'état qui s'iſoleroit dans les grandes calamités de ſes voiſins, qui fermeroit l'oreille
à leurs gémiſſemens, ou qui ne verroit que
ce qui bleſſeroit ſes intérêts particuliers, s'ex-
poſeroit donc à ne pouvoir jamais réclamer
la médiation ni le ſecours d'une puiſſance li-
mitrophe, ce droit antique & ſacré des peuples malheureux ; les oppreſſeurs ſeroient
donc éternels ſur la terre, & violeroient à
loiſir les privileges du contrat ſocial, en fran-
chiſſant les barrieres des loix vivantes.

Je ſais que le deſpote, toujours ombra-

geux , criera à la rebellion , dès que là
moindre foupir fe fera entendre : mais tout
prince , tout peuple généreux , volera aû fecours de la nation écrafée fous un joug dé
fer , ou livrée à l'anarchie ; il ofera revendi-
quer les droits de la nature ; il ne fouffrira
pas qu'un fouverain violent , ou qu'un peuple révolté , mette en danger les loix de la
fûreté publique & particuliere. Les principes
politiques , vus en grand , ne fe bornerent
pas à des points circonfcrits ; la politique
étroite & fourde trompe , & prend tous les
caractetes de l'infénfibilité ; le grand intérêt
de l'humanité , vu dans les fiecles futurs , &
dans une immenfe circonférence , éclaire le
génie , & ne le trompe pas.

Ces principes font heureufement confacrés
dans l'hiftoire de l'Europe par l'exemple de
la Suiffe & de la Hollande. Henri IV fit
pour les cantons Helvétiques ce qu'Elifabeth
avoit fait pour les Provinces-Unies , & ce
grand exemple rend les principes que je con-
figne ici plus fenfibles & plus évidens.

Eh ! plût à Dieu que le farouche Philippe
II eût été enchaîné par fes voifins ! S'il fe per-
mettoit d'avoir un parti puiffant dans Paris
pour mieux déchirer la France , n'auroit-il
pas été licite de dérober fes malheureux
fujets aux bûchers ardens de l'Inquifition ,
& de réprimer cette férocité religieufe qui ar-
moit ces innombrables bourreaux , lefquels
frappoient immédiatement après fes foldats ?
Car les bourreaux alloient de ville en ville à
la

la voix du duc d'Albe, faifant ruiffeler le
fang, & ajoutant l'outrage à la cruauté.

Philippe II s'étant fait *généralissime* du
pape, ce fut par ce moyen qu'il parvint
à détruire fuccessivement tous les privileges qu'il rencontra & qui pouvoient gêner
le defpotisme fi cher à fon ame ; il s'inf-
titua le monarque de l'églife , & hérita
dans le fait du redoutable pouvoir des
papes. Pie V, d'une naiffance obfcure,
correfpondit avec Philippe II, adopta fes
projets, les favorifa, & fe montra le per-
fécuteur le plus acharné à la deftruction
des proteftans. Le monarque Efpagnol avoit
jugé que le calvinifme étant le culte le
plus conforme à la conftitution des états
libres, il devoit détruire jufqu'en fes fondemens une réformation qui ne pouvoit
s'amalgamer avec la monarchie, où la
limite du pouvoir eft équivoque, ou du
moins indéterminée.

Le calvinifme (il faut l'avouer) avoit
été introduit par des hommes d'une condition obfcure, toujours jaloux d'un luxe
qu'ils ne partagent point, toujours ennemis de l'autorité qui pefe plus fur eux que
fur les riches. En détruifant le defpotifme
de Rome, ils crurent obtenir une entiere
indépendance. La catholicité leur parut
l'ame active de la tyrannie : leur fortune
ne leur permettant pas les plaifirs ou les
diftractions de l'opulence, ils furent aigris
contre tout ce qui portoit l'empreinte du

C

faſte. Voilà pourquoi on les vit dépouiller les temples de leurs ornemens & ôter à la religion tout ſon éclat (1).

Les réformateurs avoient pour objet de faire diſparoître tous les rangs dans la ſociété. Leur extérieur auſtere, leur jargon myſtique déplurent aux grands. Rigoriſtes outrés, ils regardoient les plus légers divertiſſemens comme des crimes, & la moindre tolérance des rites de l'égliſe romaine comme une abomination puniſſable. Les monarques riches & abſolus, environnés de toutes les forces de la puiſſance, devoient donc s'oppoſer à ces opinions qui retranchoient à leur autorité ainſi qu'à leurs jouiſſances : auſſi Philippe II conſentoit-il à tout accorder à ceux qu'il appelloit rébelles, excepté la liberté de conſcience. *Jamais je ne la leur donnerai*, diſoit-il, *quand je devrois expoſer ma couronne.* C'eſt qu'il regardoit cette liberté de conſcience comme la diſſolution des principes politiques qu'il avoit adoptés.

Ainſi, quand l'Inquiſition exterminoit tout ce qui avoit le malheur de croire que

______

(1) Une dévotion lugubre, un coſtume ſans dignité, l'abſence de tout objet ſenſible, font encore aujourd'hui de ces aſſemblées de religionnaires une aſſemblée triſte. Leurs exercices de piété ſont froids & monotones ; je crains que ce culte trop nu n'éteigne peu à peu le ſaint déſir d'adorer & de prier en commun.

Dieu n'étoit pas du pain, que Dieu n'étoit pas du vin, ce n'étoit pas qu'elle voulût positivement assujettir les hommes à cette croyance, mais c'est qu'elle vouloit que les biens des ecclésiastiques & leurs possessions fussent rigoureusement respectés ; c'est que les mysteres étoient la sauve-garde réelle de leurs abusives propriétés ; l'ambition des prêtres avoit le plus grand intérêt à ce que les mots d'*héréfie* & de *rébellion* fussent confondus.

Elisabeth de son côté ne voyoit dans les François que des ennemis déclarés. La cour de France avoit eu en vûe de faire monter Marie Stuart sur le trône d'Angleterre, & de déclarer Elisabeth bâtarde & usurpatrice. Mezerai dit ouvertement, *qu'il n'étoit point de l'intérêt de la France de laisser prendre à Elisabeth une couronne qui appartenoit à Marie Stuart.*

Les princes Lorrains ayant marié leur niece au Dauphin, depuis roi de France sous le nom de François II, firent jouer à Paris une farce indécente, dont le sujet étoit le *Couronnement d'Elisabeth*. On y traitoit sa mere & elle de comédiennes.

Elisabeth qui regardoit comme perdue une autorité partagée, étoit fort éloignée de donner sa main à Philippe II. Entiere dans ses sentimens, peut-on croire qu'elle eût fait monter sur le trône un prince fils du puissant Charles-Quint ? D'ailleurs, Elisabeth n'auroit pu donner sa main à ce monarque fans une difpenfe de Rome : or c'eût été reconnoître l'autorité du pape. Tout favorifoit donc le calvinifme.

Mais les calviniftes en pillant les biens des eccléfiaftiques, follicitoient trop vivement les anathêmes des prêtres. Ceux-ci, voyant qu'on franchiffoit la barriere des dogmes jufqu'alors refpectés, jugerent que leurs richeffes repofant fur ce fondement immuable, alloient s'écrouler devant les principes rigides des réformateurs ; & la France elle-même feroit devenue entiérement proteftante, fans les excès imprudens auxquels fe livrerent les réformateurs, fi intraitables lors du célébre colloque de Poiffy. Leur inflexibilité anti-politique, & dont les proteftans doivent fort fe repentir aujourd'hui, enleva à leur doctrine la gloire d'envahir tout un royaume. Et quels fuccès n'auroient pas fuivi un fuccès auffi confidérab'e !

Pendant ces débats, la morale étoit enfevelie dans un cahos épouvantable. La théologie fcolaftique, ce monftre à plufieurs têtes, régnoit feul pour tout obfcurcir. Elle dictoit fes maximes irréfragables qui épouvantent & confondent la raifon. Elle brûloit dans ce monde, & étendoit les flammes de l'inquifition jufque dans l'éternité ; aucune lumiere confolante fur les droits de l'homme, tant au civil qu'au politique ; tout étoit marqué, même en hiftoire & en littérature, au coin du génie

sombre de l'école; tout étoit subordonné
à un esprit de fureur, d'intolérance & de
jargon théologique, qui s'étoit communi-
qué à tous les partis. Le fanatisme enfin
étoit déchaîné & parcouroit l'Europe, la
tête sous un camail; la torche à la main,
& les yeux ceints d'un bandeau.

La liberté de penser, ce premier attribut
de l'homme, n'avoit pas même un nom;
la suprématie des papes avoit commencé à
former cette déplorable éclipse de la raison humaine. L'ambition & la férocité de
Philippe II épaissirent encore les ténébres &
tentèrent d'ôter à l'homme ses droits im-
prescriptibles, & avec eux l'oubli de tous
les devoirs, de toutes les vertus & de toutes
les connoissances.

Tandis que le terrible monarque préten-
dant à l'infaillibilité, à l'exemple du souverain pontife, méditoit par la force des
armées & par le glaive des bourreaux la
destruction de tout ce qui portoit le nom
de protestant, il faisoit assassiner le prince
d'Orange qu'il n'avoit pu détacher de l'intérêt des Pays-Bas. Déjà la mort d'Egmont
& de Horn avoit été le signal de celle de
dix-huit seigneurs jugés par une commission
particuliere : mais est-il dans l'histoire,
même des empereurs Romains, un monu-
ment plus odieux en tout sens que le décret
de proscription de Philippe II, contre le premier Stathouder de Hollande ? Peut-on trans-
crire les mots suivans sans frissonner : *Nous*

promettons en foi & parole de roi & comme ministre de Dieu, que s'il se trouve quelqu'un affez généreux pour délivrer le monde de cette peste, en nous le livrant vif ou mort, ou en lui ôtant la vie, nous lui donnerons vingt mille écus d'or; s'il a commis quelque crime, quel qu'il puisse être, nous le lui remettons; que s'il n'est pas noble, nous l'anobliffons; pardonnons auffi les crimes que les adhérens pourroient avoir commis, & mêmes les anobliffons. Les anobliffons!... Et de son côté, le féroce duc d'Albe difputoit de barbarie avec Philippe II; il se glorifioit tranquillement d'avoir fait périr fur l'échafaud dix-huit mille de ses concitoyens!

Le prince d'Orange, après avoir échappé à deux confpirations, fut la victime d'un fanatique Franc-Comtois qui se crut infpiré. A la nouvelle de fa mort, Philippe II dit: *Le coup auroit dû se faire depuis douze ans; la religion y eût gagné.* Le maffacre de la S. Barthelemi, ce carnage inoui dans les faftes de l'univers, occafionna des réjouif-fances à la cour de Philippe II, tandis qu'il avoit porté le deuil & la confternation dans toutes les cours de l'Europe.

Philippe II ne vouloit affervir la Flandre que pour la dépouiller de ses richeffes; mais ces *gueux* (car c'eft ainfi qu'on nommoit les Flamands révoltés) jeterent par leur courage les fondemens d'une république devenue floriffante; ils firent voir que rien n'eft impoffible à un peuple qui a fermement décidé d'être libre, ou de se voir anéanti. L'inquisition, qui de près écrasoit les novateurs, accréditoit au loin le luthéranisme; & la haine qu'on portoit aux évêques, ou plutôt la verge de fer de Philippe II, hâta cette révolution qui étonna l'Europe.

Qu'étoient les Hollandois vers le milieu du seizieme siecle? Leur subite élévation est peut-être le fait le plus étonnant de l'histoire moderne. Des matelots & des pêcheurs, occupant un petit pays marécageux, luttent contre la mer qui menace de les engloutir, & se défendent contre les meilleurs soldats de l'Europe, que l'Espagne payoit avec l'or du Mexique & du Pérou.

Ils dûrent paroître téméraires en concevant l'espérance de résister à leur redoutable maître qui faisoit marcher contre eux des milices & des bourreaux : mais une invincible persévérance leur tint lieu de forces réelles; ils résisterent vigoureusement à l'Espagne; & forcés de ne compter que sur eux-mêmes, à force de cultiver l'Océan par un infatigable commerce, ils enleverent les trésors & les possessions de l'Espagne, qui s'épuisa malgré les mines de l'Amérique.

Eût-on pensé dans l'origine, non seulement que l'Espagne, devenue trop foible contre eux, seroit obligée de reconnoître l'indépendance de cette poignée d'hommes, objets de ses mépris, mais encore que la

Hollande deviendroit son appui, & que cet état, sorti des marais de l'Océan, se verroit en 1710 maître de disposer à son gré du trône des Espagnols ses anciens tyrans, & de leur nommer un roi ? (1)

A-t-on jamais vu un peuple croître si rapidement, élever dans l'espace d'un siecle & demi des villes florissantes, lancer des vaisseaux d'un pôle à l'autre, s'établir dans toutes les parties du monde, sur-tout dans l'Asie Orientale ? (2)

---

(1) Depuis Philippe II jusqu'à Philippe V, quelle étonnante fortune parmi ce peuple incapable, il y a deux cens cinquante années, de nourrir ses habitans ! Il a contracté avec des nations riches, florissantes & plus guerrieres que lui. Il a fallu vaincre mille obstacles réunis, & être possédé d'un esprit de sagesse, pour parvenir à figurer ainsi au milieu des puissances militaires, mais cet esprit de commence qui fonda leur existence, absorbant toutes les autres idées, s'est enfin tourné contre eux-mêmes.

(2) Si, au lieu des solides avantages du commerce, les Hollandois avoient ambitionné la gloire des conquêtes, il leur eût été aisé, par des armemens maritimes, de faire trembler les despotes de l'Inde, de la Chine & du Japon. N'ont-ils pas des lieux d'entrepôt & des points de partance extrêmement favorables à une expédition victorieuse, comme le Cap, l'isle de Java, Malaca, Ceylan, les Moluques, &c. ? Avec ces stations, se rafraîchissant au Cap de Bonne-Espérance & à Batavia, ils auroient pu

Qu'a-t-il recueilli de tant de cruautés, d'intrigues & de guerres, ce despote le plus puissant prince de l'Europe? Il ruina ses états; & après avoir épuisé les mines de l'Amérique, il laissa *cent quarante millions de ducats* de dettes. Une obstination aveugle le fit tomber dans une suite de fautes politiques. La Hollande étoit un patrimoine qu'il tenoit de son pere; il pouvoit y régner tranquillement; il irrita ce peuple; il força, pour ainsi dire, les Flamands à la révolte. Quelle humiliation pour cet orgueilleux monarque! Après avoir formé l'extravagant projet de subjuguer la France & l'Angleterre, après avoir cru que les ressorts de sa politique briseroient la science des chefs de la ligue, après avoir servi les révoltés des nations voisines, entretenu toutes les divisions, il eut la douleur de voir les états de Brabant, de Flandre, de Zélande, de Hollande & de Frise solliciter un joug étranger; il vit *ces gueux,* qui avoient pour attribut ironique *une écuelle de bois*, le braver; il perdit un pays plus riche aujourd'hui que toutes les domina-

---

porter la guerre aux côtes de l'Asie, depuis Surate jusqu'à Canton, & depuis la Chine jusqu'à Jédos, capitale du Japon; ville que quelques galiotes à bombes écraseroient. Ils ne l'ont pas fait: ils ont été plus sages; ils se sont enrichis avec ces opulentes contrées.

tions Espagnoles. (1) Ainsi les loix violées
ne lui furent pas favorables; & toutes ces
persécutions pour forcer la conscience de
ses sujets, ne firent que révolter l'instinct
moral qui repousse les violences & les
édits injustes ou vexatoires.

Grand exemple! Les Etats - Généraux,
assemblés à la Haye, déclarerent solemnel-
lement Philippe II déchu de la souveraineté pour avoir violé les priviléges des peu-

____

(1) Les habitans des Pays-Bas travailloient
depuis long-tems à s'allier avec l'Angleterre;
mais Elisabeth, toujours prudente, ne se déter-
mina à cette alliance que quand elle vit que les
Provinces-Unies en avoient assez fait pour rejeter
à jamais le joug Espagnol. Ce furent les Espagnols restés dans les Pays-Bas, qui préparerent
tous les maux dont cette contrée fut affligée pendant vingt années. Ce même principe de persécution, qui avoit épuisé l'Espagne d'hommes &
d'argent, qui avoit allumé des bûchers dans
toutes les villes des Pays-Bas, dicta bientôt l'édit
insensé qui ordonnoit sous peine de mort à tous
les Maurisques de sortir de la monarchie dans
trente jours : les Inquisiteurs en avoient donné le
conseil. Ce conseil fit sortir un million d'habitans, les plus utiles par leur industrie & leur
travail. Les attentats du fanatisme paroîtroient
incroyables, si l'histoire ne l'affirmoit pas. Une
autre barbarie plus voisine de notre siecle, siecle
trop célébré par des poëtes, doit nous faire appercevoir que le délire du fanatisme n'est peut-
être pas entiérement éteint, ou du moins qu'il
se reproduit sous mille formes diverses.

ples. L'acte portoit en subſtance ces maximes : que les peuples ne ſont point nés pour
les princes, mais que Dieu a établi les princes, pour les peuples ; qu'il ne peut y avoir
de prince ſans peuples, mais que le peuple peut ſubſiſter ſans prince ; qu'un tyran
rompt les liens de l'obéiſſance.

Son ambition ne gagna donc rien à troubler l'Europe ; la ſtérilité & la miſere dés-
honorerent un pays où il fit couler vaine-
ment d'énormes richeſſes pour forcer les
ſectaires à recevoir le joug de l'égliſe romaine.

Mais, en déteſtant ſon deſpotiſme & ſa
férocité, rendons juſtice aux talents qu'il
poſſédoit ; il eut la politique habile d'entretenir la paix au-dedans de l'Eſpagne ; il
ſut choiſir ſes miniſtres, il les forma lui-
même. A-t-il beſoin de la république de
Gênes pour la conſervation de ſon duché
de Milan ? il lie ces républicains à ſes intérêts par des chaînes d'or ; il ménage des
mariages entre la nobleſſe de Caſtille, de
Catalogne, d'Arragon, de Navarre, de
Valence & d'Italie.

On ne peut lui refuſer encore la profonde connoiſſance des hommes. Il avoit
le talent d'étudier avec ſoin le caractere de
ſes miniſtres avant de les mettre en œuvre ;
ſon attention étoit infatigable ſur ce point,
comme le plus intéreſſant pour un monarque qui ne peut voir tant d'objets que par
l'œil d'autrui. Savoir deviner la capacité

des hommes qu'on emploie eſt déja un grand mérite : ce taĉt eſt le premier des talens, ſur-tout dans un prince; c'eſt par là qu'il ſait régner, qu'il regne véritable-ment ; il eſt rare qu'il ſe trompe, s'il craint de ſe tromper. Mais comme on connoiſſoit ſon tyrannique entêtement, ſes miniſtres agirent d'après ſes principes, & voulurent lui reſſembler. Cette fermeté inflexible s'ac-corde rarement avec les affaires politiques : il eut une trop facile complaiſance pour le duc d'Albe qui, ſous un extérieur tran-quille, cachoit une ame cruelle. Il la paya des ſepts Provinces-Unies.

L'inſatiable avidité du duc d'Albe ne ſauroit être repréſentée ſous des traits trop vigoureux. Il foula aux pieds toutes les loix, & laiſſa par-tout les traces enſanglan-tées de ſon funeſte pouvoir.

L'attention & la vigilance caraĉtériſoient le monarque dans certaines parties du gou-vernement : il ordonnoit à ſon conſeil de diſcuter en ſa préſence les avantages & les périls d'une entrepriſe. Dans les affaires douteuſes, il prenoit les avis par écrit ; il réfléchiſſoit profondément, & réuniſſoit les partis oppoſés : mais lorſqu'il s'agiſſoit des hérétiques, toutes les loix alors étoient renverſées ; il avoit contre eux une haine dévorante qui fermentoit dans ſon ame. Il fut à leur égard le plus cruel des per-ſécuteurs.

Cependant il ne reſpeĉtoit pas tellement

les eccléfiaftiques (1) qu'il ne fût les punir
quand ceux-ci l'avoient offenfé : il fit pendre leftement *une vingtaine de prédicateurs*
de tous ordres, pour avoir prêché en Portugal qu'il avoit ufurpé la couronne ; & il
avoit même répondu à Grégoire XIII, qui
avoit voulu fe rendre arbitre de ce diffé-
rend, que fes droits n'étoient foumis qu'à
fon épée. Ainfi il étoit peu refpectueux envers les prêtres de fon églife, quand fon
orgueil ou fon intérêt y étoit intéreffé : ce
qui doit jeter du jour fur cette politique
qui retenoit les apparences & les momeries
du culte extérieur, pour mieux faifir l'autorité temporelle avec une fouveraine habileté.

Après l'avoir confidéré fur le trône, fa
vie privée nous annonce le même caractere d'hypocrifie, de rigueur & de cruauté.
Dom Carlos coûta la vie à fa mere qui, le
quatrieme jour de fes couches, ne put fe
refufer à la cruelle curiofité de voir le fpectacle que donnoit l'Inquifition. Quels auf-
pices ! Ce terrible fils de Charles-Quint

___

(1) L'archevêque de Tolede, en mourant,
laiffa pour des legs pieux un million d'écus.
Philippe II s'appropria le million, en faifant décider par deux ou trois docteurs fans bénéfices,
qu'il étoit, *comme pere des pauvres*, l'héritier de ce prélat. On trouve dans fa vie tant
d'actions contradictoires, que le pinceau s'en
déconcerte.

étoit né féroce & inacceſſible à toute pitié ;
car malgré ſon rang (choſe incroyable) il
ſe plaiſoit à voir expirer des malheureux ,
martyrs de l'Inquiſition ; il ne rougiſſoit
point d'avouer qu'il ſerviroit lui-même de
bourreau , s'il en manquoit. Il ſembloit
(je l'écris en frémiſſant) oui , il ſembloit,
& je copie l'hiſtoire, ſe repaître de la va-
peur épaiſſe qu'exhaloient les cadavres fu-
mans ; & dans ces dégoûtans ſpectacles , il
avoit encore des eſpions à ſes gages , chargés de lire dans les yeux des ſpectateurs la
compaſſion dont ils pouvoient être atteints ;
ces ſatellites déguiſés épioient les plaintes &
le mouvement involontaire de la nature ;
ſur ces indices , ceux que la pitié avoit tou-
chés trop vivement étoient livrés aux inqui-
ſitionnaires.

On ne le vit qu'une fois ſous les armes :
ce fut le jour qu'on monta à la breche
lorſque la ville de S. Quentin fut emportée
d'aſſaut : mais le jour de cette bataille , ſa
peur fut ſi grande qu'il fit vœu , (1) s'il en
réchappoit , de bâtir un magnifique monaftere dédié à S. Laurent ; il y ajouta une
égliſe & un palais ; & il voulut que ces
édifices euſſent la forme d'un *gril* , parce
que S. Laurent d'après les légendes , avoit
été rôti ſur un *gril*. Telle eſt l'origine de

____

(1) Il en fit un autre mental de ne ſe trouver
déſormais à aucune bataille.

l'Efcurial, qui coûta des fommes immenfes.
Mais il perdit le fruit de cette bataille,
dont les avantages auroient pu s'étendre
fi loin, que Charles-Quint, au fond de fa
retraite, inftruit d'une telle victoire, demanda fi fon fils étoit à Paris. (1) Le comte

----

(1) Il prit dans un couvent de moines l'avis
chrétien & bien utile à la France, *qu'il ne falloit pas réduire fes ennemis au défefpoir.* Ce
confeil, puifé dans un cloître, fut fuivi. Les
François fe releverent & prirent Calais, qui depuis 200 ans appartenoit à la Grande-Bretagne.
Il fut auffi clément envers les Italiens. Le duc
d'Albe, dépofitaire de fes forces, vouloit humilier un pontife ambitieux, & Rome étoit en fon
pouvoir. Philippe II lui écrivit, *qu'il aimoit
mieux perdre fon trône que de déplaire au pape.*
Et tandis que le duc d'Albe alloit fe rendre maître
de cette capitale du monde, il fit faire les excufes
du roi d'Efpagne au pape par la bouche même
du vainqueur. Il rendit au faint fiege toutes les
places démentelées ; il accepta des conditions
honteufes. Cette conduite ne pouvoit être que le
fruit de fon éducation. Son gouverneur ôtoit fon
chapeau à trente pas, lorfqu'il voyoit paffer un
homme portant habit eccléfiaftique. Ses inclina-
tions monacales percerent dès l'enfance. Charles-
Quint arrangea fon mariage avec Marie reine
d'Angleterre. Il feroit difficile d'affigner l'utilité
de ce mariage : Philippe par les conditions n'étoit
pas maître d'avoir à fon fervice un Efpagnol.
Mais la paix de Catau-Cambrefis fut glorieufe
pour fes armes & pour fa politique ; elle occafionna dans la fuite l'infortuné mariage de

d'Egmon, à qui il fit depuis trancher la tête, lui fit gagner la bataille de Gravelines, dont il ne fut pas mieux profiter.

Monté sur le trône par l'abdication de Charles-Quint, le premier acte de sa puissance fut de rompre une treve que son pere avoit faite avec les François. Fils ingrat autant qu'il fut depuis mauvais pere, époux barbare, maître impitoyable, ami dangereux, allié infidele, dissimulé, défiant, vindicatif, sa haine contre les protestans tenoit de la frénésie.

A l'orgueil il mêloit la vanité ; il vouloit

Philippe avec Isabelle de France. Il chercha les moyens d'épouser Elisabeth qui étoit déjà sur le trône ; mais s'il avoit de la pénétration, elle étoit en défaut, s'il espéra jamais partager le lit & le sceptre d'une femme qui avoit autant de génie. Le rusé Sixte-Quint excitoit Philippe à précipiter ses desseins contre l'Angleterre ; mais quand on approfondit le génie astucieux de ce pape, on est tenté de croire que Sixte-Quint s'entendoit avec Elisabeth, & que toutes les offres qu'il faisoit à Philippe II, n'étoient qu'un piege. Il essaya d'usurper le royaume de Portugal, & de le joindre à ses états ; le cardinal Henri n'avoit semblé le posséder que pour donner à Philippe II le tems de se préparer à le disputer à l'héritier naturel Dom Antoine. Il avoit conseillé à Sébastien, roi de Portugal d'aller se faire tuer en Afrique ; il y périt, & des théologiens armés d'argumens acheverent la conquête.

qu'on

loit qu'on ne lui parlât qu'à genoux, il faifoit trembler jufqu'aux complices de fes cruautés; & le miniftre le plus fidèle à fes vengeances royales, le duc d'Albe, étant un jour entré dans le cabinet de ce prince fans être introduit, effuya ces foudroyantes paroles: *Une hardieffe telle que la vôtre mériteroit la hache.*

Quand il fit périr fur un échafaud les comtes d'Egmont & de Horn, il dit qu'il faifoit tomber ces têtes, parce que *des têtes de faumons valent mieux que plufieurs milliers de grenouilles.*

Les couvens étoient les principaux objets de fes largeffes: en donnant à des moines, il donnoit encore à des concubines: il répandit par-tout pour fes plaifirs l'or & les diamans.

Il ne marchoit jamais fur les tombes, parce qu'au haut de l'épitaphe il y a quelquefois une croix. Mettant fa confcience en repos par ces pieufes momeries, il fit périr plus de cinquante mille proteftans; & fes guerres, de fon propre aveu, lui coûterent cinq cens foizante-quatre millions de ducats.

Quoiqu'attaché aux dogmes de la religion catholique, il eut de nombreufes maîtreffes. (1) Il vivoit dans l'adultere avec

____

(1) La volupté qui amollit quelquefois le cœur de l'homme, endurcit ordinairement celui des

Anne de Mendoza ; il avoit créé le mari de cette femme le ministre de ses plaisirs. Il eut pour rival le malheureux Escovedo. Le monarque jaloux & irrité chargea le dénonciateur d'assassiner de sa main l'accusé.

Il fit aussi décapiter Dom Juan de la Nuse par le vice-roi d'Arragon, & ce ne fut pas pour cause de religion, à ce qu'il paroît. Joseph Andrada fut chargé des entreprises les plus secretes & les plus monstrueuses.

Il mit tout en usage pour cacher, pour dérober à tous les regards ses filles naturelles, en les emprisonnant au fond d'un cloître ; & dans sa profonde hypocrisie, il eut toujours l'art de pallier ses vices. Les bûchers sans cesse allumés auroient dû s'éteindre d'eux-mêmes ; mais il ranimoit les fureurs de l'Inquisition, lorsque celle-ci étoit lasse de répandre le sang.

Ce roi cruel gouverna un peuple au plus beau moment de sa gloire, énivré de ses succès, & dont la fierté s'élevoit au-dessus

souverains despotes. La tyrannie ne s'éteint point dans l'habitude des plaisirs ; elle devient plus insensible au sein de la débauche : c'est le feu qui durcit l'argille. Néron s'enfonçoit dans les crimes avec le poison des délices : tout s'aigrit dans un cœur né vicieux ; les empereurs Romains marierent au libertinage le plus effréné les cruautés les plus atroces.

de celle des autres nations. Mais Philippe II
oublia sa force, & embarrassa ses négociations de subtilités qui lui firent perdre
en intrigues & en mouvemens contradictoires une puissance réelle & fort étendue.
Cette politique versatile convient à de petites républiques, à des états bornés ; mais
ceux qui ont du poids, de la grandeur,
doivent renoncer à ces rusés insuffisantes ;
& n'employer que la hauteur des idées &
la discipline militaire pour arriver à leur
but.

La dissimulation, il faut l'avouer, est
quelquefois nécessaire à un roi : les passions
sont trop vives autour de lui pour qu'il ne
temporise pas avec elles. Mais Philippe II
étoit fourbe plutôt que dissimulé. Il
n'étoit pas né pour la place qu'il occupoit à cette grande époque : il lui auroit
fallu un génie profond : le sien n'étoit que
délié.

Il mit au rang de la science du gouvernement l'usage d'employer des espions qui
fouilloient dans les intrigues les plus ca-
chées. Un grand roi ne doit point avoir
cette curiosité inquiéte, & ne doit point
s'abaisser à cette minutieuse vigilance. Les
actions secretes des hommes ne le regardent pas ; il ne doit saisir que celles qui
tendroient à troubler le repos de l'état.

Un grand événement de sa vie domesti-
que excite encore aujourd'hui la curiosité
du monde. Mezerai, dur mais véridique,

dit poſitivement : *Il eſt certain que Philippe II empoiſonna ſon épouſe & la fit périr avec le fruit dont elle étoit groſſe*. Mais pluſieurs hiſtoriens le juſtifient du crime d'empoiſonnement, & aſſurent qu'Eliſabeth mourut du chagrin que lui cauſa la perte de Dom Carlos. Mais point de doute que Philippe II ne fût coupable d'un parricide. L'hiſtoire tragique de Dom Carlos eſt donc fondée ; car le roi remit ſon fils à la haine des inquiſiteurs, haine connue & rendue trop publique par d'indécentes déclamations. Or, l'Inquiſition & Philippe II ne faiſoient qu'un.

Ce monarque qui avoit verſé le ſang pendant un regne de quarante-quatre années, (1) mourut tranquillement à l'âge de ſoixante & quatorze ans. Deux jours avant ſa mort il voyoit les cieux ouverts. Frappé d'une maladie horrible & longue il fut patient & ferme ; il reçut quatorze fois les derniers ſacremens avant d'expirer : ſa conſcience ne lui reprochoit rien.

Qui prononcera, qui oſera prononcer ſur la religion de ce prince ? Seroit-il poſſible

----

(1) L'hiſtoire dit qu'il fit périr par le fer ou le poiſon plus de cinquante mille hommes ; & il dit aux médecins qui n'oſoient le faire ſaigner : Tirez ſans crainte quelques gouttes de ſang des veines d'un roi qui en a fait répandre des flots aux hérétiques.

qu'il eût été de bonne foi ? Il me semble que,
fous ce point de vue, il n'y avoit plus de remede à fa pieufe frénéfie, & qu'on en doit
d'autant plus détefter fes monftrueux principes, & fa fuperftitieufe croyance : mais il
eft plus probable qu'il penfoit pouvoir effacer, par des pratiques de dévotion, les attentats de fa vie publique & privée. Erreur
inconcevable, mais trop commune dans ce
malheureux fiecle, où la morale & la faine
politique n'avoient ni regle ni mefure.

Ce fut lui qui fit imprimer à Anvers la
belle *Bible polyglote* qui porte fon nom. Il
donna un décret par lequel il fixoit à quatorze ans la majorité des rois d'Efpagne.

Philippe II étoit petit (1). On a eu occa-

---

(1) Il étoit encore petit au moral comme au
phyfique dans une multitude de chofes ; tantôt
il abaiffoit fon orgueil jufqu'à manger au refec-
toire avec des moines ; tantôt il faifoit fortir de
fa préfence une femme qui avoit ri en fe mou-
chant. Il n'entroit pas dans un monaftere fans
baifer toutes les reliques ; il faifoit pétrir fon
pain avec l'eau d'une fontaine en crédit pour les
miracles : il fe vantoit de n'avoir jamais danfé,
de n'avoir point monté fur une mule, de n'avoir
jamais porté de hauts-de-chauffes à la grecque ;
il interrompoit par modeftie les harangues qu'on
lui faifoit ; il étoit fort grave dans toutes fes
actions ; mais il fe livra à des tranfports extravagans lorfqu'il apprit le maffacre de la S. Barthelemi. Il avoit peu de confidération pour les poëtes ;

fion de remarquer que les paffions concen-
trées, perfonnelles & violentes, logent de
préférence chez les hommes de petite ftature :
en général ils font plus méchans ; les petits êtres ont plus de paffions vicieufes que
les autres.

Cependant les nouvelles opinions agitoient
tous les efprits ; la réformation s'étendoit
malgré les bûcher ; la France étoit en fuf-
pens ; on demandoit de tous côtés un concile national ; & Catherine de Médicis elle-
même avoit propofé au pape d'ôter les images
des églifes, d'accorder la communion fous
les deux efpeces, d'abolir la Fête-Dieu, &
de célébrer la meffe en langue vulgaire.

Les plaintes des François éclatoient contre
le concile de Trente ; les rieurs difoient,
pour peindre l'influence de la cour de Rome,
qu'*elle envoyoit le Saint-Efprit dans la valife
du courier*. Les ambaffadeurs de France vou-
loient rompre l'afcendant des légats & des
Italiens : mais ceux-ci, avec leur adreffe accoutumée, tournerent les événemens au gré
du pape.

Lainez, général des Jéfuites, foutint que
du pape feul émanoit toute autorité fpiri-
tuelle ; qu'en lui feul étoit renfermée *toute*

& lorfqu'on lui en demanda la raifon, il fit cette
réponfe fenfée : *C'eft qu'ils ne favent pas fe contenir dans les bornes de la modeftie*. La fortune le
ferit encore mieux que fes talens.

la hiérarchie. Fra-Paolo, dans son histoire du concile, développe le tissu des intrigues, & met au jour les vaines subtilités qui ne se mêlerent que trop aux matieres les plus importantes.

Ce fameux concile, qui auroit dû avoir pour but de couper la racine de tant d'abus excessifs que lui reprochoient les novateurs, ne s'occupoit qu'à faire valoir les immunités ecclésiastiques, telles que les années d'ignorance les avoient produites. Il entassoit une foule de bulles évidemment contraires aux loix civiles, & au bien général de la société.

L'ancien esprit de domination reparut dans toute sa hauteur, & souleva une partie de la nation Françoise, qui depuis a constamment rejeté une pareille discipline. Le concile de Trente taxoit d'hérésie tout discours qui tendoit à infirmer la jurisdiction des ecclésiastiques; à peine les droits de la souveraineté furent ils mis à couvert.

Ce concile fameux ne finit qu'en 1563. Il fut reçu différemment dans plusieurs états. Le Roi d'Espagne montra en public la plus grande soumission; mais, ce qu'il faut saisir aujourd'hui comme un trait précieux, il donna des ordres secrets pour le maintien de l'autorité royale. Le chancelier de l'Hôpital & le parlement s'opposerent vivement à la publication du concile.

Il ne fit que choquer, aigrir les protestans : l'espérance de les ramener s'évanouit ;

l'*index* des livres défendus ne fit qu'augmenter la rupture ; les auteurs & les ouvrages
flétris dans cet *index* obtinrent de nombreux
partisans, parce que ce despotisme violent &
sacerdotal révolta tous les esprits éclairés ; &
il y en a dans tous les siecles.

Pie V avoit fait brûler comme hérétiques
des hommes distingués par leurs lumieres,
entr'autres le savant *Paléarius*, dont le crime
fut d'avoir appellé la sainte Inquisition un
poignard levé sur les gens de lettres (1). Les
destinées des savans n'étoient pas tranquilles.
Ramus avoit été assassiné par ses écoliers ;
les autres étoient fugitifs (2) ou poursuivis

––––––––––––––––––––––––––––

(1) Les successeurs de Paléarius l'ont bien
vengé ; car les gens de lettres ne pardonnent pas
à la persécution qui attente à leur liberté. De
siecle en siecle ils font entendre leur cri, qui se
propage jusqu'à ce que l'oppresseur soit entiérement diffamé dans les races futures.

(2) Parmi eux on distingue Fauste Socin. Ega-
lement éloigné des catholiques & des protestans
qui ne s'entendoient pas, il voulut réconcilier
les partis opposés. Il s'attacha à la morale divine
de l'Evangile, qui recommande la paix, la charité. Il honora Jesus-Christ comme un sage doué
d'une vertu surnaturelle, que Dieu avoit rendu
l'organe immédiat des préceptes les plus faits
pour conduire les hommes dans le chemin de
leurs devoirs, & dans la pratique des vertus.
Cette doctrine qui ne blessoit point la raison humaine, qui tranchoit les disputes théologiques,
révolta les catholiques & les protestans, jaloux

par les perfécuteurs obftinés des confciences,
& chacun difoit venger la caufe de Dieu.

Lorfqu'on fonge que des événemens auffi
extraordinaires font pour ainfi dire récens,
on a droit de s'étonner de ce qui s'eft paffé.
Que ne doit-on pas aujourd'hui à cet efprit
philofophique qui a démontré le néant &
la honte de ces débats violens & infenfés
qu'occafionnoit alors le culte ?

Que l'étude de l'hiftoire nous ferve donc
à apprécier les avantages du tems préfent ;
qu'elle nous guériffe fur-tout d'une erreur
dangereufe, de celle qui voudroit nous per-
fuader que l'époque où nous vivons eft un
fiecle dégradé ou dégénéré. Rien de plus
faux. Qui de nous regretteroit de n'avoir pas
vécu dans le feizieme fiecle, au milieu de
tant d'orages fanglans, fous la domination
de ces monarques foibles, féroces, ou fu-
perftitieux ? Le joug eccléfiaftique pefoit
alors de toutes parts, & forçoit les caracteres
à l'hypocrifie.

Les rois qui occupent aujourd'hui les trô-

de dogmatifer, & qui fubftituoient l'orgueil des
argumens à la charité évangélique. Faufte Socin,
qui avec fes idées philofophiques n'eût pas
échappé aux bûchers de l'Inquifition, ne crai-
gnant pas moins les apôtres de Geneve, alla fon-
der fa fecte en Pologne & en Tranfylvanie; prof-
crite depuis, elle a jeté fes racines en Hollande
& en Angleterre. Ce paifible réformateur, dont
le nom ne périra point, mourut en 1604.

nes de l'Europe, ont une fageſſe, une modération, une humanité, qui éclairent
leur ambition, & tempere leur pouvoir.
Les crimes & les petiteſſes des ames lâches
& fuperſtitieuſes leur ſont étrangers ; leur
orgueil frappant un but plus noble, ne tient
plus au deſpotiſme ; ils aiment la gloire,
& ſont devenus ſenſibles au jugement des
eſprits éclairés qui ſe correſpondent d'un
bout de l'Europe à l'autre. Les adminiſtra-
teurs des états enfin ſont à la hauteur des
idées régnantes : ces idées ſaines aſſurent tout-
à-la-fois leur repos & celui des peuples ; on
les paie en amour, en reſpect, en hommage.
L'eſprit de philoſophie, univerſellement répandu, les engage à être plus philoſophes
que ne le furent leurs prédéceſſeurs. Quel-
ques-uns ont connu la généreuſe & ſublime
paſſion d'appliquer leur puiſſance à la réforme des plus anciens abus. La partie qui
gouverne enfin, communique aujourd'hui,
par la voix toujours puiſſante de la raiſon,
avec la partie qui obéit. Les édits nouveaux
parlent à des hommes ; tout s'améliore d'une
maniere ſenſible, puiſque l'homme dans toutes les conditions eſt reſpecté plus que jamais.
Des principes de bienveillance diſtinguent
toutes les loix nouvelles ; les jouiſſances du
luxe ne dérobent rien à une raiſon généreuſe.
Tout eſt juſtement apprécié dans le ſein des
plaiſirs ; & la foule des arts enchanteurs a
ôté à l'orgueil des grands ce qu'il avoit de
dur & de farouche. Les ſouverains en ſont

plus heureux, & nous auffi ; béniffons donc le tems où nous vivons, en comparaifon de plufieurs fiecles, & fur-tout en voyant dans l'hiftoire à quels hommes jadis les hommes furent foumis.

———————

On a choifi les formes dramatiques, dont on a fait une étude particuliere pour mieux peindre la phyfionomie d'un méchant prince ; on y a fait entrer l'hiftoire d'Elifabeth & de Dom Carlos, fi connue & fi touchante : on a cru que ces formes, qui admettent le dialogue, donneroient plus de vie à des perfonnages, dont on vouloit repréfenter le caractere en peu de mots.

Ce feroit introduire une forte de defpotifme dans la république des lettres, que de vouloir interdire à un auteur la liberté de fe fervir de la forme dramatique, fans deftiner fon ouvrage au théatre.

Avant moi, le préfident Hénault avoit fu employer ce nouveau genre de drame qui n'eft inventé que pour être lu. Ce genre convient aux tragédies nationales, ou à celles qui font faites pour embraffer un fujet vafte, politique ou intéreffant ; elles occupent dans la retraite & le filence du cabinet des lecteurs intelligens & judicieux, & ne font point deftinées à un parterre trop mobile, trop frivole pour le férieux des affaires publiques.

Dans un drame ordinaire, dont l'action

ne se rapporte qu'à un personnage particulier, on n'a qu'à faire jouer des ressorts uniformes. On n'a besoin que de s'assujettir au goût & aux caprices du parterre. Des événemens communs ou grotesques sont suffisans pour intéresser les spectateurs.

Dans le drame politique, l'action s'appuie sur la vérité historique, sans être amenée par une fiction forcée. L'action porte sur des caracteres qui ont joué un grand rôle : le ton politique qui domine dans ces drames, n'exclut pourtant pas le ton pathétique ; le héros de la piece peut exciter l'émotion la plus vive ; car il est possible qu'il se trouve dans la situation la plus touchante (1). Seulement les grands intérêts de ces pieces qui regardent ordinairement la conservation ou la ruine d'un état, le maintien des loix & des mœurs, absorbent les contrastes qui regnent dans les autres pieces. Les caracteres sont du moins instructfs, s'ils n'ont pas le droit de faire verser des larmes.

Il n'y auroit donc rien de plus injuste que de juger de ces drames politiques, d'après les regles faites pour plaire au parterre de Paris ; regles qui ne sont fondées que sur l'humeur & le caprice. Dès qu'on perd de

----

(1) Ainsi j'ai placé le personnage de Dom Carlos d'après tout ce qu'on a écrit sur ce sujet, ainsi que la mort précipitée d'Elisabeth, que les historiens représentent sous des couleurs décisives.

vûe le but que l'auteur s'eſt propoſé, l'on
ne fait que s'égarer avec l'obſcur Ariſtote,
& ſes inutiles commentateurs.

L'auteur d'un drame politique écrit pour
des lecteurs du goût le plus naturel, & des
mœurs les plus ſimples : il ne trace point ſes
tableaux majeſtueux pour l'étroite enceinte
du théatre François ou Italien ; il élargit la
ſcène, & ſe compoſe un parterre formé
d'hommes nés pour apprécier les poëtes qui
peignent les affaires publiques & les intérêts
nationaux.

Ce théatre dédaigné de la multitude, au-
deſſus des comédiens modernes, dont les
reſſources ſont trop foibles pour ces ſortes
de repréſentations, s'unira, j'oſe le croire,
au théatre des Grecs, à celui de Shakeſpeare,
le grand-maître, le grand peintre en ce genre.
Il aura eu le même but, il bravera les diſ-
cours oiſeux de ces prétendus hommes de
goût, qui, differtant toujours, & ne pro-
duiſant rien, combattent inceſſamment ce
qu'ils ſont incapables de faire. Il pourra du
moins ſervir de leçons aux jeunes princes,
parce qu'ils verront ſans un pénible effort,
& dans l'eſpace de quelques heures, ce
qu'ils n'apperçoivent qu'imparfaitement dans
les grandes hiſtoires, à cauſe de l'étendue
& de la diſproportion des objets. Rappro-
chés ſous un même point de vue, ils liront
mieux l'eſprit d'un regne que dans la pro-
lixité de ces froids hiſtoriens, qui, en dé-
layant leur matiere, lui ôtent tout l'intérêt
dont elle eſt ſuſceptible.

PERSONNAGES.

PHILIPPE II, *Roi d'Espagne, fils de*
Charles-Quint.

ELISABETH *de France, fille de Henri II,*
Roi de France, sœur de Charles IX, &
seconde femme de Philippe II.

DOM CARLOS, *fils de Philippe II, &*
de sa premiere femme, Marié de Portugal.

GRANVELLE, *cardinal, ministre.*

Dom RUY-GOMEZ DE SYLVA, *prince*
d'Eboly, ministre & capitaine des Gardes
de Philippe II.

SPINOLA, *cardinal, grand-inquisiteur*
d'Espagne.

Le Marquis DE LA POSA, *ami de Dom*
Carlos.

OSORIO, *confident de Dom Carlos.*

Le Comte DE LERIA.

Le Duc de FERIA.

Dom DIEGUE DE CORDOUE.

Le Comte DE LERME.

La Duchesse D'ALBE, ⎱ *dames d'honneur.*
La Princesse D'EBOLY, ⎰ *de la Reine.*
HONORINE, *attachée à la Reine.*

La Comtesse D'EGMONT, *& ses onze*
enfans.

Le Baron DE MONTIGNY, *envoyé des*
Etats de Flandres.

LE NONCE.
LE LÉGAT.
Le Pere MONTALTE, *depuis Sixte V.*
Le Pere GORY.
30 CORDELIERS.
6 BÉNÉDICTINS.
3 AUGUSTINS.
3 CARMES.
5 ECCLÉSIASTIQUES SÉCULIERS.

JUGES DE L'INQUISITION.
GARDES DE L'INQUISITION.

Le Pere HYACINTHE, *religieux du cou-*
vent de S. Juſt en Andalouſie.

Menins de Dom Carlos.

BEAL,
BURTON, } *Anglois.*

TIMERMAN, *Jacobin.*
SAUREGUY, *fanatique envoyé pour assaf-*
finer le prince d'Orange.

Le Confesseur du Roi.
Des Casuistes.

Des Médecins.

Procession de l'Inquisition.
Les Condamnés de l'Inquisition.
CARALLA, *évêque, l'un des condamnés.*
Un Vieillard *condamné.*
Un jeune Homme *condamné.*
Une Jeune Fille *condamnée.*
Des Confesseurs *exhortant les condamnés.*

Officiers et Gardes *de la suite du Roi.*

PHILIPPE

PHILIPPE II,
ROI D'ESPAGNE.

SCENE PREMIERE.

La scene est au monastere Saint-Just dans
l'Andalousie. Le théatre représente une
partie de la forêt dépendante du couvent.
Dans l'enfoncement, à un point de vue
très-éloigné, l'on distingue à travers des
arbres l'église & la maison des religieux,
ainsi que de riches côteaux qui bordent les
rives du Guadalquivir.

HYACINTHE, DOM CARLOS.

HYACINTHE, *assis sur un tronc d'arbre*
renversé, tenant un livre ouvert.

PAISIBLE solitude, où Charles-Quint,
fatigué de l'empire, réfugia son ame troublée; profonde retraite, ton silence est
interrompu de nouveau par son fils.... Je

E

viens de voir Philippe viſiter avec pompe le tombeau de ſon pere..... Juſte Ciel, comme ſon hypocriſie perce lorſqu'il leve les yeux vers toi!... Voilà donc ce nouveau maître de tant de provinces...... Pauvres royaumes! peuples infortunés & gémiſſans, puiſſiez-vous éviter les guerres & les perſécutions que vont élever les ſourds projets de cet autre ſouverain!.... J'ai vu les miniſtres avides qui l'environnent.... Le cardinal au teint jaune.... Le chancelier complaiſant... Cette légion de prêtres... Cette foule rampante de vils courtiſans... Quelle cour!... Quoi, ne pourra-t-il donc ſe placer ſur le trône un roi véritablement homme, un monarque inſtruit, qui chériſſe la paix & la concorde, qui faſſe aimer la ſimplicité des mœurs, qui ſoit l'ami de la vertité, qui apprenne à reſpecter le ſang & la liberté des hommes!... Oh! s'il s'en trouvoit un, il n'enverroit ſûrement pas, comme Philippe, des ſoldats dans la Flandre pour forcer les conſciences. C'eſt en faiſant le contraire, qu'un tel roi pourroit s'immortaliſer. Que j'aimerois à voir un ſouverain, armé du glaive de la juſtice, réunir les eſprits par le lien de la vérité & de la paix! Avec quelle joie je rentrerois dans la ſociété, dont un moment d'erreur m'a éloigné pour toujours!... Mais, je le prévois, Philippe! ton regne va reculer d'un ſiecle cette époque ſi déſirable..... Souverain Maître des rois! tes voies ſont

incompréhensibles ; ne murmurons point
des événemens, & ne portons pas nos crain-
tes dans l'avenir que tu diriges.

(Hyacinthe, appercevant Dom Carlos, ferme
son livre, se leve, & veut se retirer. Celui-
ci va au-devant de lui & l'arrête.)

DOM CARLOS.

C'est vous que je cherche, pere Hyacinthe.... Ce lieu solitaire est favorable
pour se parler sans témoins... Demeurez...
Dom Carlos veut s'entretenir avec vous.

HYACINTHE.

Avec moi, prince !... Et que pouvez-
vous demander d'un pauvre solitaire ?

DOM CARLOS.

Je vous connois. Nous sommes seuls ;
qu'aucune contrainte ne vous retienne....
Vous êtes instruit de choses qui m'inté-
ressent ; il faut me les révéler.

HYACINTHE.

Prince, je ne sais rien.... je ne me
mêle de rien.... Entiérement livré au silence
& à la retraite, j'oublie la cour & le
monde, & n'ai plus affaire qu'avec Dieu.

DOM CARLOS.

Comme la terreur a glacé ses esprits !..
Que suis-je donc à tous les yeux ? Une
idole qu'on encense & qui fait peur....

Les uns me flattent les autres me fuient...
ne puis-je trouver un feul homme qui me
parle le langage de la vérité ?

H Y A C I N T H E.

Le langage de la vérité !.... Prince,
n'exigez rien de moi, & ne troublez pas
la vie paifible du dernier de vos fujets...
Je ne puis rien pour le bonheur des grands :
mon repos innocent ne nuit à perfonne...
Votre augufte rang met entre nous deux
trop de diftance, & je dois m'éloigner.

D o m C a r l o s *le retient.*

Non.... reftez... je le veux.

H Y A C I N T H E.

Mon prince !

D o m C a r l o s.

Que mon titre ne t'effraie pas.... Profite, refpeçtable religieux, de ce moment
pour m'éclairer & m'inftruire.... L'héritier du trône peut devenir ton ami.

H Y A C I N T H E.

Dom Carlos, gardez cette faveur pour
d'autres.... Il n'en eft malheureufement
que trop qui l'ambitionnent.

D o m C a r l o s.

Eh bien donc, va... fauve loin de moi
ton exiftence inutile. Laiffe échapper l'oc-

cafion d'inftruire le fils des rois qui veut t'entendre... Le fort de tes concitoyens ne peut t'attendrir... Ton repos te paroît préférable à celui de tout un peuple.... J'ai fu que Charles-Quint, mon aïeul, retiré dans ce monaftere, t'avoit honoré de fa confiance... J'ai cru que tu étois digne de la mienne... Je me fuis donc trompé.

H Y A C I N T H E.

Pardonnez, prince... L'empereur n'étoit plus alors qu'un homme pénitent, humilié devant l'Eternel, dans l'attente de la mort... Je n'ai point cherché fa préfence; au contraire, je l'évitois: car ceux qui fur la terre fe font laiffé éblouir par l'éclat menfonger du trône & des grandeurs, font peu faits pour la retraite... Il nous tourmentoit tous, & penfoit encore être le plus tranquille d'entre nous.

D o m C a r l o s.

On me l'a dit. Comment vous diftingua-t-il au point de s'ouvrir à vous?

H Y A C I N T H E.

Voici comme nous nous fommes connus... Une nuit que j'étois endormi, rêvant à la vie tumultueufe de ce héros, dont les débats agitoient encore la terre.... Je m'entends appeller.... Hyacinthe! frere Hyacinthe, levez-vous! le coup des matines,

E 3

eſt ſonné.... J'ouvre les yeux... j'apperçois votre illuſtre aïeul... *Eh! lui dis-je dans le premier mouvement d'humeur, n'eſt-ce pas aſſez d'avoir ſi long-temps troublé le monde, ſans venir encore interrompre le repos de ceux qui en ſont ſéparés?....* Il s'arrête, me regarde en ſilence, ſourit & me tend la main.... *Vous n'êtes pas flatteur, me dit-il; je veux être votre ami....* Et c'eſt ainſi qu'il le devint malgré moi.... Vous ſavez, Prince, le traitement que viennent d'éprouver les prélats qui méritèrent ſa confiance, qui l'aſſiſtèrent en ſes derniers momens. L'archevêque de Tolede eſt empriſonné ſous prétexte d'héréſie.... Je n'échappe qu'à la faveur de mon obſcurité. Que n'ai-je pas à craindre, ſi je donne lieu au moindre ſoupçon!.... Et ne peut-on pas déjà me faire un crime de me trouver ici ſeul avec vous ?

D O M   C A R L O S.

Vertueux ſolitaire, votre prince n'eſt pas ici pour vous perdre ni vous abandonner... Raſſurez-vous; je ne vous expoſerai pas long-tems... Tandis que mon pere vient en ces lieux honorer la froide pouſſiere de Charles-Quint, moi, je ne m'intéreſſe qu'à connoître quelle fut ſon ame. Je brûle du deſir de recueillir ſes dernieres penſées. Il en dépoſa ſans doute une partie dans votre ſein. Peut-être vous aura-t-il quelquefois parlé de moi. ...

HYACINTHE.

Vous me rappellez qu'un jour, en cette place même, ſes yeux ſe mouillerent en prononçant votre nom. Il a ſouvent gémi de ne pouvoir veiller à votre éducation... Son unique deſir étoit qu'elle lui fût confiée.

DOM CARLOS.

Et comment le roi ne s'eſt-il pas empreſſé de le ſatisfaire?

HYACINTHE.

Du moment que Charles-Quint abdiqua la couronne en faveur de Philippe, & qu'il ſe fut lui-même confiné dans cette ſolitude, il perdit ſon autorité paternelle avec le ſceptre qu'il avoit abandonné. Son fils ne l'écouta plus, rejeta ſes demandes comme ſes conſeils, & tout fut négligé, même juſqu'à ſa penſion. ... Vous voyez ſi après ſa mort ſes volontés dernieres ſont reſpectées... L'appareil de la pompe la plus faſtueuſe brille de toute part en ſon honneur... Mais ici l'Inquiſition attaque ſon teſtament, en dérobe à tous les yeux les articles importans, & les écrits que ſon cœur lui dicta pour votre inſtruction, demeurent enſevelis dans l'oubli.

DOM CARLOS.

Ne croyez pas que j'endure long-temps l'affront que des prêtres audacieux oſent faire aux manes de l'empereur... Je ne veux pas non plus laisser sous leur opression ceux qu'il a chéris... J'entrevois les complots ténébreux des nouveaux ministres, ennemis du bien public. N'en doutez point, je m'opposerai fortement à leur tyrannie... Je vous en fais l'aveu, respectable religieux ; parlez-moi sans crainte... Faites-moi connoître les sentiments de mon aïeul... Ses remords furent-ils sinceres? Est-il bien vrai qu'il s'est repenti d'avoir été persécuteur?

HYACINTHE.

Il est vrai que l'image de ceux qu'il avoit tourmentés sous prétexe de réligion, étoit sans cesse présente à ses yeux... Il conjura plus d'une fois son fils d'abolir ses édits barbares... Il gémissoit souvent d'avoir prêté son pouvoir à l'église... Rome m'a trompé, disoit-il ; je me suis laissé séduire & par elle & par ma jeunesse... L'ambition de la cour impériale m'a rendu le complice de cette cour insidieuse. Ces vanités, ces triomphes se sont évanouis... Il ne me reste que des regrets, & la mort s'approche... O mon fils ! comment réparer tout le mal que j'ai fait?... J'ai cru maîtriser les papes, & ce sont eux qui m'ont joué... Tandis que je finis ma triste carriere dans la retraite & la pénitence, un prêtre, couronné de la tiare, brouille les puissances & fait la guerre à mon fils... Tels étoient, Dom Carlos ,

les discours & les plaintes de votre aïeul...
C'étoit contre le pontife de Rome, c'étoit
contre Paul IV, qu'il s'exprimoit ainsi....

D o m C a r l o s.

Pourquoi Charles-Quint, reconnoissant
les erreurs de son regne, s'est-il défait d'un
pouvoir qui le mettoit en état de réparer
tous ses torts? Devoit-il abandonner à des
mains incertaines la tranquillité future de
tant de peuples, au moment qu'il alloit devenir le plus en état de les gouverner &
de les rendre heureux ?...

H y a c i n t h e.

Il fut, pour ainsi dire, forcé d'abdiquer
la couronne & l'empire.... Accablé par les
douleurs de la goutte, troublé par sa conscience, découragé par le revers de ses armes... Le caractere de son fils acheva de
le décider.... Il découvrit dans Philippe
une secrete impatience de régner, qui pouvoit produire de funestes effets ; il céda
par prudence.... Tout le parti de l'église
s'étoit déjà adroitement emparé du nouveau roi.... Ah! si votre infortuné aïeul
n'eût pas déchu de sa premiere vigueur ;
si dans les dernieres années de son regne
il n'eût pas été si fortement humilié par
ses ennemis, il eût certainement opéré ces
réparations qu'il n'a pu recommander que
d'une voix impuissante....

DOM CARLOS.

Acheve ; ne me déguise rien.... Mon aïeul, je le sais, penchoit secrétement pour la réforme... Il a étudié dans sa retraite les moyens de pacifier les chrétiens divisés... Confie-moi le fruit de ses recherches, afin que je puisse un jour les mettre à profit & les faire exécuter... Qu'aucune crainte ne te retienne, cher Hyacinthe. J'ai à cœur la destruction de tant d'abus, & rien ne m'afflige davantage que de voir la race humaine ainsi trompée...

HYACINTHE.

S'il en est ainsi, prince, je vais vous parler sans détour.... Le ciel avoit doué votre aïeul d'assez de génie pour être utile au monde & à ses sujets, s'il eut profité de l'instant passager de sa grandeur.... Mais lorsque l'âge & la douleur eurent affoibli ses esprits déjà usés par les travaux d'une vie guerriere & ambitieuse, lorsqu'il voulut apprendre dans cette retraite à se dégager des dogmes dont il s'étoit montré le plus zélé défenseur, il frémit, & craignit plus d'une fois d'aggraver ses crimes... Son ame, trop foible & trop coupable, incapable de prendre un ferme parti, ne put s'élever au but qu'elle sembloit vouloir atteindre... Dom Carlos, il faut avoir l'ame forte pour triompher des préjugés dont l'enfance est imbue, & ne pas attendre, pour les fecouer, la froide vieilleffe qui eft une feconde enfance... Charles, tourmenté par le remords, effrayé à l'approche de la mort balança dans fes derniers momens entre Rome & Luther, penchant vers l'un fans abjurer l'autre... Tel eft l'affaiffement de l'ame au moment où notre corps, oppreffé par le mal qui le détruit, fuccombe... Vingt fois l'empereur, converfant avec moi, m'a montré des doutes fur les dogmes qui caufent ces malheureufes querelles de religion. Il paroiffoit même franchir d'autres bornes plus éloignées : mais les douleurs aiguës qu'il fouffroit varioient fes penfées & le replongeoient dans ces mêmes foibleffes qu'il rejetoit lorfqu'il ne fouffroit point... Que puis-je donc vous dire d'affuré ? Quels fruits pourrez-vous tirer d'un exemple incertain ?... Mais qu'en avez-vous befoin à votre âge, & dans la place où il a plu à la divine Providence de vous placer ?... Tâchez de tout voir par vous-même : fondez votre raifon ; fi elle eft ferme, elle pourra tout approfondir... C'eft l'univers entier, & non un feul homme, un feul pays, qu'il faut confulter... Que l'exemple de tous les grands hommes vous fervent de leçon... Recherchez celui que l'on perfécute ailleurs ; interrogez-le, & ne le condamnez pas fans l'avoir auparavant bien écouté... Que le nom d'hérétique ne vous effraie point... Prenez connoiffance de tous les écrits qu'une fauffe politique & une religion fainte dans fon

origine prohibent aveuglément... Lifez-les ;
& quoiqu'on les repréfente comme dangereux aux peuples, prince, vous pouvez y
trouver d'utiles leçons... Ceux même qui
vous déchireront ne doivent pas tout-à-fait
vous déplaire ; ils peuvent quelquefois vous
fervir de contrepoifon contre la flatterie...
Il y a toujours quelques bonnes leçons à
en tirer, & la vie d'un bon prince doit
être fon unique vengeance contre ceux qui
l'ont calomnié. Les viles productions de
ces infames libelliftes feront en horreur ; &
les bénédictions d'un peuple que vous au-
rez rendu heureux, les replongeront dans
la poufliere d'où elles étoient forties.....
Mais... quelqu'un s'approche.... Permettez
que je me retire.

DOM CARLOS.

Allez..... Je fongerai à vous ; foyez
tranquille....

SCENE II.

DOM CARLOS, ELISABETH.

DOM CARLOS, *après un moment de silence, & tandis qu'Elisabeth, couverte d'un voile, s'avance à pas lents sur le côté opposé du théatre.*

QUELLE est cette femme qui seule s'avance ici? Elle marche la tête penchée, & paroît plongée dans l'oubli de tout ce qui l'environne...

ELISABETH, *sans appercevoir Dom Carlos.*

Dom Carlos, infortuné Dom Carlos!...

DOM CARLOS, *reconnoissant Elisabeth.*

Elisabeth!...

ELISABETH, *relevant son voile.*

Ciel!...où suis-je! Vous, prince, en ces lieux!...(*à part.*) Comme je me suis écartée de ma suite!...Retournons.

DOM CARLOS.

Non...Restez un moment...Quoi, je ne puis vous parler?....Qui vous presse de rentrer si vîte dans la foule importune?...Craignez-vous de me rendre trop heureux

en prolongeant le doux inftant, l'inftant fi
rare, d'être feul avec vous ?

ÉLISABETH.

Il eft trop dangereux de nous trouver enfemble..... Vous le favez, prince.... On peut
nous voir.

DOM CARLOS.

Faut-il ainfi paffer la vie !... Quel affreux
tourment !......Mais, madame, qu'avez-
vous donc tant à redouter ?

ÉLISABETH.

Nous-mêmes.... C'eft vous en dire affez.
Je le vois avec douleur, vous oubliez qui
je fuis devenue.... Vous nourriffez contre
tout efpoir, une paffion qui vous rend criminel, & me force à rougir.

DOM CARLOS.

Ah ! du moins ne m'outragez pas... Une
paffion criminelle !...... Eft - ce donc ainfi
qu'il faut appeller le plus pur, le plus légitime amour qui brûla jamais dans un cœur
innocent ?..... Ne nous avoit-on pas defti-
nés l'un à l'autre ?..... Les deux rois nos
peres ne nous ont-ils pas eux-mêmes encou-
ragés à nous aimer ?...... Elifabeth étoit
l'ange de paix envoyé du fein de la France
pour apporter la joie en Efpagne, & faire le
bonheur de ma vie. Etoit-ce pour mieux dé-

chirer mon ame que mon pere me fit entrevoir une pareille félicité ? Et c'est moi qui
ferois criminel, lorfque fans pudeur il prend
pour lui l'époufe qui m'étoit deftinée, lorfque je me vois ravir le feul bien où j'afpi-
rois fur la terre !.... Où eft le crime, de
ne pouvoir effacer de mon cœur l'empreinte
d'un trait fi profond !.... Le volcan a beau
fe concentrer dans les entrailles de la terre,
fes feux n'en ravagent pas moins la furface...
Mon cœur eft confumé par la flamme qui
le dévore. Je meurs dans le filence, & je
ferois criminel !.... Soyez jufte, Elifabeth ;
n'exigez pas des efforts impoffibles. C'eft
affez de l'infupportable contrainte que je
garde en public. Que je puiffe au moins une
fois en adoucir le fardeau, avant que d'être
délivré d'une vie malheureufe !

É L I S A B E T H.

Cher Dom Carlos, modérez des tranfports auffi dangereux : ils ne peuvent qu'ajouter à nos maux. La plus belle vertu d'un
héros eft de fe vaincre foi-même. Soyez
maître de votre cœur, & domptez ce
fatal amour.

D o m   C a r l o s.

Qui pourra jamais égaler ma retenue ?...
En faire plus eft au-deffus d'un mortel.....
Deux ans font écoulés ; que dis-je ! deux
fiecles de tourmens.... N'ai-je pas toujours
refpecté votre repos aux dépens du mien?

Lorſque j'allois au-devant de vous, en ce
moment terrible où je vous vis pour la premiere fois, n'ai-je pas toujours gardé une
apparence tranquille ? N'ai - je pas dévoré
mes ſoupirs ſans laiſſer échapper un ſeul mot
indiſcret ?.... Je m'écriois, dans l'agitation
de mon ame éperdue : Voilà celle que le
ciel a créée pour être mon épouſe, pour
partager mon exiſtence : courons, volons
au-devant d'elle.... Grand Dieu, tu permis
qu'elle me fût enlevée, & que, deſtinée
par l'amour & les traités à être ma moitié,
elle paſsât en d'autres bras que les miens...
Oh ! ſi mon rival n'eût été que mon roi !...
Mais c'étoit mon pere !.... Témoin reſpectueux de ſon bonheur, lorſque ſon hymen
fut annoncé à la nation, je fus le premier à
l'en féliciter. Ai-je montré quelque foibleſſe
au milieu de l'alégreſſe publique : J'étouffois
ma douleur, & ces larmes d'une joie apparente n'étoient que celles du déſeſpoir.

É L I S A B E T H.

Prince, il faut nous ſéparer : l'éloignement
eſt le ſeul remede à d'auſſi grands maux...
Votre état eſt affreux, je le ſens ; mais...
n'attendez pas que je vous parle jamais du
mien. Ce n'eſt que par une longue abſence
que vous pouvez éteindre cette paſſion
malheureuſe. Le tems & l'abſence vous
rendront la tranquillité : tâchez d'obtenir
du roi la permiſſion de vous éloigner de
la cour.

Dom

D o m C a r l o s.

Ce remede extrême n'a pas dépendu de
moi : j'ai tout fait pour l'obtenir..... J'ai
supplié long-tems ; j'ai demandé dans cette
vue à mon pere le gouvernement de la Flandre.... Je me flattois d'être envoyé pour
appaifer les troubles qui agitent les Pays-
Bas : mais le féroce duc d'Albe m'a été préféré ; & cet affront, joint aux malheurs qui
pourront en être la fuite, est toujours
vivant dans mon cœur ulcéré.

É l i s a b e t h.

Seigneur, ne vous découragez pas....
Les refus d'un pere ne font point un outrage.... Il peut d'un jour à l'autre céder à
vos inftances.... récidivez-les. Et de mon
côté je mettrai tout en ufage pour le faire
confentir à feconder vos vœux. J'ofe me
flatter d'y réuffir : gardez-vous fur-tout d'un
abattement funefte.

D o m C a r l o s.

Ainfi donc mon unique bonheur dépend
de mon éloignement.... Je le fens.... c'eft
le feul parti qui me refte à prendre dans
une fituation auffi terrible que défefpérée.
Cependant, ô ma princeffe ! vous avouerai-je
l'horreur fecrete qui me faifit lorfque j'en-
vifage mon fort à venir ? Ce que je fouffre

chaque jour en vous voyant le partage d'un autre, mon cœur le fait; mais ce que je souffrirai lorsque je ne vous verrai plus, je l'ignore, & le redoute en même tems.

ÉLISABETH.

Loin de moi votre vertu vous soutiendra; un feu plus noble & plus pur brûlera au fond de votre ame. Songez, prince, aux devoirs sacrés qu'exige votre rang, aux grandes actions qui doivent établir votre renommée. Ce n'est pas à soupirer qu'un prince destiné à porter la couronne doit passer l'instant le plus précieux de sa vie; héritier d'un pouvoir, dont quelques parties peuvent déjà vous être confiées, appliquez-vous à en connoître l'usage. Voyez les yeux de plusieurs millions d'hommes fixés sur vous, dans l'attente d'un protecteur ou d'un tyran : laissez-leur entrevoir l'aurore des beaux jours que vous ferez naître; que vos peines, vos chagrins vous apprennent à compatir à ceux d'autrui; l'infortune devient ainsi un remede contre le désespoir. Les peuples malheureux gémissent sous le poids de l'oppression; agissons de concert pour adoucir la rigueur de ses coups; c'est en remplissant cette noble tâche qu'en dépit du sort nos ames peuvent encore être unies, & se consoler mutuellement. Que la renommée de nos vertus adoucisse la rigueur de notre séparation; faisons-nous chérir & respecter, vous en Flandres, & moi auprès du trone. Quand j'entendrai

les bénédictions que le peuple donnera à vos
bienfaits, je verferai des larmes de joie ; &
chaque fois qu'une bonne action fera la ré-
compenfe de mes efforts, votre cœur atten-
dri dira: c'eft Elifabeth qui l'a faite.... Cher
Dom Carlos ! le mien ne demande qu'à
s'occuper de vos vertus.... Plus votre courage furmontera votre malheur, plus vous
obtiendrez l'amour de ceux que vous devez
gouverner, & plus je ferai heureufe...Que
vous reftera-t-il donc à defirer ?

D o m C a r l o s.

Ame célefte ! vous me pénétrez de vos
fentimens fublimes.... Comment ne pas
céder à cette noble émulation que votre
cœur infpire ? Et comment l'admiration
n'augmenteroit-elle pas mes regrets ? Pardonnez..... Je faurai au moins les taire pour
toujours. Oui, je veux vous imiter en tout,
& fuivre votre exemple.... Je veux qu'on
dife un jour en nous plaignant : Elifabeth &
Dom Carlos étoient bien faits pour être unis.

É l i s a b e t h.

Il me femble entendre marcher quelqu'un
de ce côté.

D o m C a r l o s *va voir & revient.*

Je ne fais.... mais je crois avoir entrevu
Ruy-Gomez qui fe déroboit à mes yeux...
Le lâche !.....Si je fuivois le mouvement

de mon indignation ! . . . (*Il met la main sur
son épée.*)

ELISABETH.

Gardez-vous de me compromettre & de
vous expofer . . . . . Prince ! fongez que la
prudence eft une égide dont les autres vertus ne peuvent fe paffer. . . . . Je fuis reftée
avec vous trop long-tems. . . Si je vous fuis
chere, éloignez-vous. Adieu. . . . . Que le
ciel rende à votre cœur ce calme heureux
qu'éprouve une ame pure, & que j'implore
pour moi-même !

SCENE III.

DOM CARLOS, *seul.*

Elisabeth, si vous m'êtes chere!...
Hélas! ma vie en sera le plus beau témoignage. Oui.... tout s'éloigne avec elle....
La lumiere du jour, ma vie, tout semble
la suivre lorsqu'elle disparoît.... Je rentre
dans un cercle ténébreux de douleur &
d'ennui....

(*Dom Carlos appercevant Ruy - Gomez
caché derriere un arbre, dit en quittant
la scene :*)

De vils espions s'attachent sur mes pas....
Ruy-Gomez ne rougit pas de remplir un si
vil emploi.... Quel excès de bassesse.....
Ciel! faut-il que les places de premier ministre & de chancelier soient occupées par
des ames aussi basses & aussi rampantes!

SCENE IV.

PHILIPPE II, RUY-GOMEZ, UN CAPITAINE DES GARDES.

PHILIPPE II.

Eh bien, Ruy-Gomez, avez-vous entendu quelque chofe de leur difcours?

RUY-GOMEZ.

Pas bien clairement, Sire. Seulement quelques murmures contre votre majefté.

PHILIPPE II, *au capitaine des gardes.*

Allez.... fuivez fes pas; & s'il rejoint la reine, venez auffitôt m'avertir..... Approchez le plus près de lui que vous pourrez, afin d'entendre fes paroles; & s'il vous appercevoit, feignez, ou plutôt dites-lui que je vous ai envoyé vers lui, afin qu'il vienne me parler. (*Le capitaine fe retire.*)

RUY-GOMEZ.

Nous fommes arrivés trop tard..... J'ai fait cependant avertir votre majefté au moment qu'on m'a prévenu qu'il étoit avec la reine.

Philippe II.

Il est de la plus grande conséquence de veiller à leurs démarches.... Des complots entre ma femme & mon fils !.......Le caractere de Dom Carlos m'inquiete.

Ruy-Gomez.

J'ai eu lieu de le connoître lorsque vous daignâtes me confier son éducation.... Je n'ai jamais pu rompre son indocilité. Il n'a jamais voulu suivre les principes que votre majesté m'avoit recommandé de lui enseigner.... Malgré mes soins, il est devenu indiscipliné & raisonneur. Mais ce qui m'afflige le plus, c'est de voir que la religion perd de jour en jour son pouvoir sur son esprit.

Philippe II.

Tout est perdu, s'il parvient à rompre cette chaîne sacrée ; car c'est sur elle que je me repose pour l'assujettir.... Le degré de ses connoissances s'étend malgré moi.... Il m'importe cependant de le tenir dans un état borné ; & le meilleur moyen d'abrutir l'esprit d'un jeune homme, est de le plonger dans une dévotion outrée...... Rien n'assure mieux la soumission d'un sujet, qu'un attachement aveugle aux dogmes catholiques. Quand on est une fois maître de la conscience, on ne craint plus ces saillies fougueuses du jeune âge.... Brutus, en-

chaîné par la confeſſion, n'eût jamais frappé
Céſar. Avec la religion & ſés prêtres, je veux
acquérir un empire plus illimité & plus
puiſſant que n'auroient pu faire les nom-
breuſes armées de mon pere.... Des fanatiques choiſis dans mes états iront ſous ce
maſque ſacré effrayer les nations qui m'environnent. Jugez combien je dois être alarmé
d'avoir pour héritier un fils qui cherche à
ſecouer ce joug. Je ne ceſſe, pour l'y contraindre, de montrer un reſpect & une ſoumiſſion aveugle pour les cérémonies de la
religion : mais tous ces exercices d'une dévotion portée à l'excès ne le ſéduiſent point :
au contraire, il ſemble qu'il ne m'accompagne que malgré lui ; & ſi je ne me
trompe, la dériſion eſt dans ſes regards....
Que je voudrois pouvoir lire dans ſa penſée, pénétrer ſes deſſeins !.... Je me ſou-
viens encore des idées qui me rouloient
dans la tête à ſon âge...... L'impatience
de régner me dominoit, & je ne ſais à
qu'elle extrêmité je me ſerois porté, ſi quelques autorités préliminaires ne m'avoient
pas donné l'eſpoir d'une prochaine indépendance.... Dom Carlos eſt peut-être dévoré
des mêmes deſirs ; mais ma jeuneſſe doit
lui ôter l'eſpoir de me ſuccéder de long-
tems. Voilà ſans doute ce qui l'aigrit, &
m'en feroit un ennemi d'autant plus à craindre, qu'il prend ſoin de ſe déguiſer.....
Que je voudrois ſavoir le ſujet de ſon entretien avec la reine !

Ruy-Gomez.

Sire, l'intérêt de votre majesté m'ordonne de tout dire... Pardonnez mes soupçons... Dom Carlos & la reine conservent toujours l'un pour l'autre des sentimens, qui depuis long-tems devroient être éteints... Ils ne vous pardonnent point de les avoir désunis. Ils cherchent à se confier leurs secrets, & malgré notre vigilance, trouvent moyen d'avoir des entretiens particuliers. J'ai lieu de présumer que la haine de Dom Carlos pour la religion vient de la reine......... Elisabeth est d'une cour fort peu attachée à celle de Rome, & même infectée depuis quelque temps de novateurs.... La découverte que je viens de faire d'une trahison m'enhardit à le croire : elle doit faire ouvrir les yeux à votre majesté.

Philippe II.

Qu'ai-je entendu ! Ruy-Gomez, expliquez-vous.

Ruy-Gomez.

Votre majesté se rappelle l'expédition secrete qu'elle ordonna dans le Béarn. Un parti de cavalerie étoit commandé pour aller se saisir de la reine de Navarre & de son fils : ils auroient été enlevés inopinément & transportés en Espagne avant qu'on pût les secourir.... Ce coup n'a pas réuſſi, parce que Jeanne d'Albret prévenue fut miſe en ſûreté. Votre majeſté n'auroit jamais pu croire que ce fût la reine même qui lui en donna l'avis.

PHILIPPE II.

Ciel, eſt-il poſſible! Quelle noirceur!

RUY-GOMEZ.

Jeanne d'Albret gagna l'amitié d'Eliſabeth, lorſque cette princeſſe, venant en Eſpagne, ſéjourna dans ſes petits états.... Cette reine, vous le ſavez, eſt une protectrice des calviniſtes; ainſi votre majeſté peut deviner le reſte.

PHILIPPE II.

Quoi, c'eſt Eliſabeth qui m'a fait manquer cet heureux coup!... Quel trait de perfidie!.... L'héritier des Bourbons avec ſa mere, une fois détenus dans les priſons ſécretes de l'Inquiſition, auroient été contraints de ſigner l'acte de renonciation & la reſtitution de la Navarre; & j'aurois enſuite facilement purgé mes frontieres d'un voiſinage qui les infecte, de ces ſectateurs de Calvin.... J'aurois tranché par ce coup hardi le fil & l'enchaînement de toutes ces diſcuſſions à venir. Vous ſavez que mon amour pour la reine ne va pas à l'excès. J'ai fait ce nouveau mariage uniquement

par politique. C'étoit le seul moyen d'ôter
Elisabeth à mon fils. Je m'étois trop imprudemment engagé à les unir : je fis réflexion
sur ce que j'avois à risquer des suites d'un
pareil hymen.... Il donnoit une consistance
dangereuse à mon héritier. Dom Carlos,
Elisabeth & leurs enfans , appuyés d'une
cour étrangere , auroient pu contrebalancer
mon pouvoir souverain.... Mon fils seroit
devenu pour la nation un objet intéressant,
qui m'auroit en quelque sorte effacé.

R u y - G o m e z.

Comme votre politique habile fait tout
prévoir ! Il semble que vous soyez devenu
veuf à point nommé pour conclure à votre
propre avantage cette alliance déjà contractée
pour votre fils.

P h i l i p p e I I.

Parlons bas. Vous êtes le seul ministre
qui ayez ma confiance ; je ne vous cache
rien. Qui mieux que vous sait l'histoire de
toutes les femmes que j'ai eues? A parler
vrai, aucune n'a mérité mon attachement
comme la vôtre.

R u i - G o m e z.

Sire, je sens ainsi qu'elle tout le prix
d'un pareil honneur. C'est à votre majesté
que je dois mon élévation, & ma reconnoissance n'aura point de bornes. Nous

sommes dévouées pour la vie au bon plaisir
de votre majesté.

P H I L I P P E   I I.

Je le sais. Prenez seulement les plus
grandes précautions pour voiler ma conduite particuliere. Veillez que rien ne tranfpire. Je tremble toujours que, malgré les
dehors que j'affecte en public, un œil
curieux & pénétrant ne vienne à connoître
le fond de mon ame. Il est de la derniere
conféquence que je ne fois pas trouvé en
contradiction ; & cette crainte me trouble
au milieu même de mes jouiffances.

R U Y - G O M E Z.

Votre majesté doit être au-deffus de pareilles inquiétudes. N'êtes-vous pas le maître ? D'ailleurs, quiconque oferoit dire un
feul mot, ne feroit-il pas fûr de fa perte ?
Manquons-nous d'efpions ? Et les louanges
d'un million de prêtres ne fuffifent - elles
pas pour anéantir quelques propos timide-
ment hafardés ? Et l'Inquifition ?...

P H I L I P P E   I I.

Dom Carlos vient : éloignez-vous à quelques pas.

*(Dom Carlos s'approche , précédé du
capitaine des gardes qui fe retire.)*

SCENE V.

PHILIPPE II, DOM CARLOS.

PHILIPPE II, *à Dom Carlos.*

QUE faites-vous en ces lieux ? Eſt-ce ainſi qu'un prince de votre rang doit ſe comporter ? Serai-je donc obligé de vous faire tous les jours de nouveaux repro-ches ?

DOM CARLOS.

Sire, j'ignore quel ſujet me les attire.

PHILIPPE II.

Votre conduite ſcandaleuſe. On ne vous voit plus à l'égliſe qu'aux heures où vous ne pouvez vous diſpenſer d'y paroître. Vous éludez de m'y ſuivre, lorſque pouſſé par un ſaint mouvement, je vais viſiter les reliques des bienheureux, expoſées à la vénération publique.

DOM CARLOS.

Si je ne donne pas en ſpectacle des dé-monſtrations publiques de ma piété, ne puis-je l'exercer dans la retraite ? Sire, je trouve que le recueillement m'eſt plus ſalutaire.

PHILIPPE II.

Votre irréligion cherche à ſe voiler par de fauſſes excuſes; mais votre froideur & votre relâchement pour les ſacrements en font une preuve évidente. Vous avez oſé déſobéir à mes ordres, en refuſant d'approcher aujourd'hui de la communion.

DOM CARLOS.

Un acte auſſi ſacré, qui ne s'accomplit que par le mouvement du cœur, ne peut avoir de jours preſcrits & fixés. Notre rang, je le ſais, exige que nous donnions l'exemple; mais il faut qu'il ſoit ſincere. Celui de l'hypocriſie ſeroit horrible à donner à des ſujets.

PHILIPPE II.

Dites plutôt que votre conſcience eſt chargée d'un poids dont elle n'oſe ſe délivrer. Le tribunal de la pénitence vous fait peur.

DOM CARLOS.

Et qui peut ſe flatter d'être pur? Où eſt l'homme qui ne ſe trouve pas éloigné malgré lui de cet état d'innocence, hélas! ſi difficile à conſerver?

PHILIPPE II.

Les paſſions qui dominent votre ame,

l'entraînent à sa perdition , & peut - être
celle de la haine l'emporte-t-elle sur toutes
les autres. Vous m'entendez ? . . . . Répondez : puis-je souffrir que mon fils reste plus
long-temps dans un état si dangereux ?

D O M C A R L O S.

Daignez regarder votre fils d'un œil paternel, & son état changera. Ne rejetez
point, seigneur, la priere que je vais vous
faire , & vous me rendrez la paix & la
tranquiilité.

P H I L I P P E I I.

Le ciel m'est témoin que je ne veux que
votre salut.

D O M C A R L O S.

Souffrez que je m'éloigne pour quelque
temps de votre cour. Peut être qu'absent
je paroîtrai moins coupable. Confiez-moi le
soin d'aller en votre nom appaiser les troubles de la Flandre, je promets de vous y
faire aimer. J'y ferai, par mon exemple ,
respecter & observer avec empressement
vos volontés & vos loix.

P H I L I P P E I I.

Vous croyez qu'il suffit de votre air de
jeunesse pour en imposer à des rebelles.
Quels sont les exploits qui déjà vous dis-

tinguent, pour mériter la confiance publique & la mienne ?

DOM CARLOS.

Sire, si je n'ai pas encore paru à la tête
de vos armées, ce n'est pas que je ne vous
l'aie demandé avec ardeur. Ah! si le desir
de la gloire pouvoit suppléer au défaut d'occasion d'en acquérir, non, je ne serois pas
indigne du sang illustre dont je suis né.
Daignez enfin me laisser entrer dans cette
glorieuse carriere, dans laquelle l'empereur
mon aïeul n'avoit pas craint à mon âge de
vous faire avancer.

PHILIPPE II.

Ce n'est pas dans une pareille circonstance, ni même dans ce pays, que je
veux que vous fassiez votre premier essai.
Pour appaiser ou pour punir ce peuple rebelle, il faut montrer le front d'un guerrier consommé & intrépide.

DOM CARLOS.

Est - il donc si nécessaire de montrer un
front menaçant ? L'appareil terrible des armes, une multitude formidable de soldats
sont-ils les plus sûrs moyens de ramener
des sujets qui commencent à s'aigrir ? &
la sagesse jointe à la clémence ne peut-elle
pas gagner ce qu'une rigueur précipitée
risque de perdre pour jamais ?

PHILIPPE

Philippe II.

Je conçois aifément, prince, que vous aimeriez à tolérer dans ces provinces les nouveaux fentimens qu'elles s'obftinent d'adopter.

Dom Carlos.

Pourvu que le fujet foit fidele à fon roi & le chériffe, voilà, je penfe, tout ce qu'un fouverain peut & doit lui demander. Qu'importent après tout fes opinions, fon culte & fa maniere d'honorer l'Etre fuprême ?

Philippe II.

Vous avez là des principes erronés... Qu'importe au roi, dites-vous, la religion de fes peuples !.... Oubliez-vous qu'étant leur maître abfolu, je réponds, devant l'Etre fuprême, de leur foi comme de la vôtre ? Eft-ce donc à des fujets à raifonner quand l'églife décide & que moi-même je fuis foumis à fes faints décrets ? Il fied bien à un foible mortel de prétendre lui donner, ainfi qu'à moi, un démenti formel fur les principes religieux dont elle eft l'ame & la bafe ! Sachez que le plus grand, le plus dangereux de tous les crimes, c'eft l'incrédulité ; elle conduit à l'irrévérence envers ma perfonne facrée : ne croyez pas, mon fils, que je lui laiffe jamais prendre

G

d'empire fur votre cœur. Ma confcience me reprocheroit fans ceffe votre éloignement de ces lieux. Le bonheur de mon peuple, le vôtre & le mien même en dépendent. Retournez avec fincérité vers cette religion divine, qui ne ceffe de vous tendre les bras, & qui veut être votre foutien. Je vous ordonne d'aller vous jeter aux pieds du fage directeur que je vous ai choifi ; & que nul prétexte ne vous éloigne davantage des offices que l'églife obferve chaque jour pour honorer la Toute - puiffance fuprême.

Dom Carlos.

Permettez que je vous repréfente du moins...

Philippe II.

Ne me répliquez pas davantage... La cloche appelle le peuple au fervice divin ; allez m'y devancer. Vous m'y verrez bientôt, profterné aux pieds des autels, offrir mes prieres à l'Eternel pour qu'il daigne faire rentrer en lui-même, un fils dont la vie me caufe tant d'amertume & de chagrin.

Dom Carlos, *bas & fe retirant.*

O contrainte !...

SCÈNE VI.

PHILIPPE II, RUY - GOMEZ, GRANVELLE.

(Granvelle étoit arrivé pendant la scene pré-
cédente, & parloit dans l'éloignement avec
Ruy-Gomez.)

PHILIPPE II.

APPROCHEZ.

RUY-GOMEZ.

Sire, le cardinal Granvelle a reçu des
nouvelles de la Flandre, & vient en faire
part à votre majesté.

PHILIPPE II, *à Ruy-Gomez.*

Allez: continuez vos soins sur Dom Carlos; veillez sur lui comme sur la reine. Je
tiendrai après la messe un conseil de con-
cience, & je partirai ensuite pour Madrid.
(*à Granvelle.*) Eh bien, Cardinal, à quoi
en est le duc d'Albe ?

GRANVELLE.

Sire, il est parvenu à faire arrêter les
comtes d'Egmont & de Horn; tous deux

font en prifon, & vos troupes fe répandent dans tout le pays.

PHILIPPE II.

Et le filencieux eft-il pris ?

GRANVELLE.

Le prince d'Orange ?... Il s'eft malheureufement échappé.

PHILIPPE II, *frappant du pied.*

De par tous les faints! tant pis. Celuilà en valoit bien un autre. Où s'eft - il fauvé ?

GRANVELLE.

Il eft allé fe mettre à la tête d'une chétive armée, compofée de rebelles & d'hérétiques Allemands qui font venus à fon fecours; mais le duc d'Albe aura bientôt détruit cette engeance & pris leur chef. Guillaume paiera cher fon audace. Nous attendons à chaque inftant des nouvelles plus amples & plus favorables, ainfi que des dépêches pour votre majefté.

PHILIPPE II.

Enfin ces provinces vont éprouver tout le poids du châtiment qu'elles méritent.

GRANVELLE.

Si ce châtiment égale leur offenfe, il fera fans doute rigoureux. Votre majefté n'ignore pas que l'intention du duc d'Albe est de ruiner entiérement ces rebelles.

PHILIPPE II.

Ils ont mérité ma haine depuis le séjour que j'ai fait parmi eux. Lorsque les Flamands me reçurent pour la premiere fois, je ne m'apperçus que trop de la dérision que couvroient leurs hommages. Enhardis par la présence & la familiarité de l'empereur, ils ont osé railler la fierté de ma contenance & ridiculifer ma dévotion. Je n'ai cessé d'éprouver des marques de leur dédain, de leur défiance & de leur opiniâtreté. Enorgueillis par de vains privileges que mon pere eut la foiblesse de leur confirmer, ces petits états ont prétendu mettre des bornes à mes volontés... Cardinal, vous connoiffez mieux que perfonne la haine invétérée qu'ils confervent pour ceux qui commandent en mon nom.

GRANVELLE.

Sire, mon zele pour le fervice de votre majefté m'a mis en butte à leurs traits. Néanmoins je ferois parvenus à remplir entiérement vos ordres, fans la noblesse du pays; car avec des troupes & de la fermeté l'on fait aifément obéir le peuple. Mais cette noblesse est indifciplinable & d'une infolence outrée. Elle a pris le parti du peuple, s'eft liguée contre moi. Je courois risque de la vie, lorsque votre majesté daigna me rappeller.

PHILIPPE II.

Je sais que votre zele pour la religion & votre attachement à mes intérêts vous ont causé bien des désagrémens.

GRANVELLE.

J'avois fait faire quelques exemples de sévérité sur les plus mutins; cela déplut généralement. D'ailleurs, les provinces voisines de l'Allemagne, de la France, & de l'Angleterre sont imbues de principes attentatoires au pouvoir de la royauté. Ils ne peuvent se persuader qu'un roi est maître de faire absolument ce qu'il lui plait; que tout lui appartient de droit divin. Et par un certain esprit d'indépendance, ils opposent à ces droits, sacrés des droits chimériques qui deviendroient redoutables, si ces peuples avoient une fois assez de force pour les faire valoir.

PHILIPPE II.

Tous les souverains devroient se liguer ensemble & faire cause commune contre des maximes aussi licencieuses : je ne pense point qu'aucun prenne le parti de ces rebelles.

GRANVELLE.

Il faut se méfier du jeune roi de France.

Sa cour eſt empoiſonnée d'hérétiques, & l'on parle d'un ſecours qu'il doit faire paſſer ſecrétement dans les Pays - Bas, pour ſeconder les Flamands.

Philippe II, *ſouriant*.

Ecoutez, Cardinal.... Vous m'êtes trop ſincérement dévoué, pour que je tarde davantage à vous mettre dans le ſecret. Ce ſecours, ces ſix mille hommes que Charles IX leur fait paſſer ſecrétement, ſont tous de zélés calviniſtes, & l'élite de leurs guerriers. Genlis doit être à leur tête. Vous voyez, cardinal, que je ſuis inſtruit, Mais perſonne ne ſait que le roi de France eſt d'accord avec moi, pour faire paſſer cette petite armée par un défilé, & que mes troupes en embuſcade les tailleront facilement en pieces. Le duc d'Albe ſera prévenu à tems, & je vous réponds qu'il n'en échappera pas un ſeul. C'eſt le prélude de la deſtruction générale des hérétiques en France & dans les Pays · Bas. Charles IX eſt convenu d'agir ſecrétement avec moi, & c'eſt tout dire.

Granvelle.

Quelle heureuſe nouvelle ! Eſt-il poſſible, Sire ! Le cabinet de France adopte donc enfin le plan que vous m'envoyâtes rédiger avec le cardinal de Lorraine ?

Philippe II.

Le duc d'Albe, dans l'entrevue de Bayonne, a gagné Catherine de Médicis, & c'est elle qui nous répond du roi son fils. Mais il faut la plus grande discrétion. Catherine veut faire tomber dans le piege tous les chefs des religionnaires. C'est une Italienne rusée qui me redoute & ménage ma protection contre ses enfants même & les grands du royaume. Elle a conclu un traité de paix simulé avec les révoltés. Ils s'en défient cependant, & se tiennent sur leurs gardes. Mais le mariage du jeune Bourbon avec sa fille sera le piege où ils tomberont tous; & la reine de Navarre elle - même n'échappera certainement pas cette fois.

G R A N V E L L E.

Voilà, Sire, le coup le plus important pour faire réussir vos projets dans les Pays-Bas. Eh bien, je m'efforçois de le faire entendre au cardinal de Lorraine. Pour Dieu, lui disois-je, au lieu de faire battre nos rois l'un contre l'autre, que ne les unissons-nous contre les ennemis de l'église? C'est le seul moyen d'affermir leur puissance.

P H I L I P P E II.

En détruisant les calvinistes, nous énerverons la France de ses meilleurs guerriers. Cette race des Châtillons, ces Condés & tant d'autres m'ont fait d'autant plus peur

après la victoire de Saint-Quentin, qu'ils ont
des relations en Allemagne, & que cette
puissance leur fournit une pépiniere de héros. Charles IX en tutelle sous Médicis est
fort peu redoutable. Ses freres ne seront jamais des princes dangereux. Je considere
la couronne de France comme un apanage
de la mienne, par l'alliance que j'ai contractée, & encore plus par l'intérêt que je dois
prendre au soutien de tous les fideles de
ce royaume, en qualité de roi catholique.
D'ailleurs, le clergé de France m'est entiérement dévoué, & avec le secours du saint
pere je suis assuré d'une prépondérance que
je serai maître d'étendre aussi loin qu'il me
plaira. Le meilleur moyen d'assujettir les
François, est de les entraîner dans une longue guerre civile ; &, comme vous le savez,
l'assassinat du duc de Guise est un feu qu'on
peut attiser pour produire à tems la discorde.
On n'a rien négligé, j'espere, pour faire
attribuer ce coup à l'amiral Coligny ?

G R A N V E L L E.

Sire, vos intentions ont été exactement
suivies par nos espions & nos agens. Nous
avons dans Paris un grand nombre d'Italiens
& d'Espagnols à la solde de votre majesté,
&, qui lui sont entiérement dévoués. L'on
travaille à désunir les enfans du duc de
Guise, & j'espere que cette famille sera
pour nous d'un grand secours pour conso-

lider la ligue dont votre majesté m'a donné le plan.

PHILIPPE II.

Vous voyez, Cardinal, que c'est principalement les intérêts de l'église & de la sainte religion qui me font agir ; pour une cause aussi illustre, il n'est aucun scrupule qu'on ne doive sacrifier.

GRANVELLE.

Mais, Sire, n'êtes-vous pas en ce moment sur la terre le seul roi en état de la gouverner ? Et cette fine politique envers la France n'est-elle pas la preuve la plus convaincante de la supériorité de votre génie ? Car enfin, c'est conquérir cette nation sans lui faire la guerre ouvertement.

PHILIPPE II.

Oui, j'aime à user des moyens doux lorsqu'ils peuvent suffire. Vous n'ignorez pas qu'avant d'envoyer le duc d'Albe en Flandre à la tête d'une armée formidable, j'avois conçu d'autres moyens plus sûrs. Je voulois me défaire clandestinement de tous ceux qui pouvoient avoir quelqu'autorité ou quelque crédit sur le peuple ; mon idée étoit de faire arrêter de tous côtés quiconque auroit paru disposé à la rebellion ; puis, les faisant périr secrétement, on auroit évité

toure clameur, ainſi que les dépenſes qu'entraîne la levée d'une armée. Mais le conſeil
a décidé qu'il valoit mieux agir ouvertement.

G R A N V E L L E.

Je penſe que votre majeſté aura lieu de
ſe féliciter d'avoir pris ce dernier parti. La
précaution d'agir ſecrétement pour ſe défaire
d'un ennemi eſt excellente dans des affaires
dont on ne ſe ſoucie point de rendre compte ;
mais ici, au contraire, c'eſt une gloire d'en
publier les motifs. La cauſe de la religion,
que vous embraſſez, vous ſauve de tout
reproche. En ſon nom, vous pouvez tout
oſer ; & les vrais fideles, tranſportés d'une
ſainte joie, éleveront leurs voix, & applau-
diront de toutes parts à votre zele.

P H I L I P P E I I.

Le premier coup eſt frappé.... Je veux
qu'il ſoit terrible, afin d'en impoſer. Je
pouſſerai les choſes ſi loin, que la chrétienté s'en reſſouviendra long-tems. J'aug-
menterai la rigueur des édits ; il le faut,
quoique l'on en murmure. C'eſt le ſeul
moyen de ne laiſſer aucun eſpoir de clémence. Je prétends que celui qui ſera con-
vaincu d'avoir donné aſyle à un homme
accuſé d'avoir aſſiſté aux prédications des
hérétiques, fût - ce ſon pere ou ſon fils,
ſoit condamné au feu comme le criminel
même. Et comme les femmes, dans les

féditions, font celles qui les premieres allu-
ment la difcorde avec plus d'audace, j'ordonne que celles qui feront prifes en con-
travention , foient enterrées toutes vives ,
fans aucune miféricorde. Entendez - vous ,
Cardinal ?

GRANVELLE.

Sire , il eft certain que de pareils actes
de févérité font néceffaires pour accélérer
la réduction de ces provinces révoltées ; &
lorfqu'elies feront une fois courbées fous le
joug de l'églife , vous n'éprouverez plus de
difficultés de leur part : les impôts fe leve-
ront fans obftacle , felon votre bon plaifir.
L'augmentation du nombre des évêques &
l'établiffement de l'Inquifition affermiront
pour toujours votre autorité fuprême. Je
connois le caractere des habitans de ces provinces , & j'ofe affurer votre majefté ,
qu'après en avoir fait fupplicier quelques
centaines , & détruit quelques milliers par
les armes, les autres demanderont bientôt
grace : les pauvres Flamands refteront enfuite pour long-tems le peuple le plus ftupi-
dement attaché aux dogmes qu'ils rejettent
actuellement avec tant d'infolence.

PHILIPPE II.

Cardinal , vous devancerez mon retour
à Madrid. J'ai demandé au grand Inquifiteur
d'accomplir à mon arrivée la célébration d'un

acte de foi : recommandez-lui que rien ne manque pour rendre cette cérémonie impofante. Je veux y affifter moi-même avec tout l'appareil de la majefté royale.

G R A N V E L L E.

Un tel exemple fera d'un grand poids, Sire ; car malgré tous nos foins, l'héréfie cherche de toutes parts à s'introduire dans ce pays. Le nombre de fes fectateurs eft plus grand qu'on ne penfe. Ils font d'autant plus dangereux, qu'ils cachent en public leurs fentimens ; ils mentent par crainte, & ne fe déclarent qu'à ceux qu'ils favent être imbus des mêmes principes, ou difpofés à embraffer leur fecte.

P H I L I P P E I I.

Il me vient une idée. Je penfe que, pour découvrir ceux qui fe voilent ainfi, il faudroit, le jour de l'acte de foi, répandre parmi le peuple un grand nombre d'efpions attachés à l'Inquifition. Ils feront déguifés, & feront femblant de s'attendrir fur le fort des condamnés. Alors, épiant attentivement les difcours de ceux qui paroîtront compatir à leur jufte fupplice, ils pourront aifément les dénononcer. Je fuis certain que par cette feinte la fainte Inquifition fera une ample capture de ces hérétiques, qui, au grand contentement du peuple, ferviront de victimes pour l'acte de foi fuivant.

GRANVELLE.

Il n'appartient qu'à votre majefté de trouver des moyens auffi décififs. Quel bonheur
pour notre augufte religion d'avoir un roi
tel que vous pour défenfeur ! Oui, l'églife
romaine vous devra fa force & fon empire
fur les hommes. Dans ce fiecle pervers,
lorfque des dangers imminens la menaçoient
de tous côtés, vous vous êtes montré fon
plus ferme appui , & elle a repris fon
éclat. Ah , Sire ! fans vous, nous périffions.

(Philippe fe retire , & le cardinal le fuit.)

SCENE VII.

(*La scene est à Madrid.*)

ELISABETH, HONORINE.

ELISABETH, *à sa suite.*

ELOIGNEZ-VOUS.... (*S'adressant à Honorine.*) Je suis libre enfin, & je puis sans témoin ouvrir mon cœur à ma chere Honorine. Toi, l'ancienne amie qui veillas sur mon enfance, & dont je n'oublierai jamais les tendres soins, dis-moi quel sujet t'amene du sein de la France à la cour de Madrid. Aurois-tu éprouvé quelque disgrace ? Ne crains point d'épancher ton cœur dans le mien ; Elisabeth est toujours la même ; & si au premier abord j'ai paru la recevoir avec froideur, c'étoit pour ne donner aucun ombrage à ceux qui m'environnent.

HONORINE.

Ah, princesse ! j'avois peine à reconnoître à ce premier accueil, ma sensible Elisabeth, dont le cœur compatissant sacrifia toujours l'orgueil de son rang à une douce affabilité. J'ai pensé que le caractere Espagnol avoit peut-être dénaturé le vôtre, & dans cette erreur je regrettois d'avoir hasardé un si long voyage, uniquement entrepris pour vous serrer encore une fois dans mes bras. Grande reine, pardonnez à mon ancien attachement une démarche que vous jugerez peut-être imprudente; mais je n'ai pu résister plus long-tems au désir de revoir celle à qui je porte la tendresse d'une mere, & dont la séparation m'a coûté tant de larmes. J'ai voulu, avant de mourir, me convaincre par moi-même de votre sort, & savoir si vous êtes vraiment heureuse avec le roi votre époux.

ELISABETH.

Les secrets de mon cœur te son connus depuis long-tems. Tu sais de quel espoir il fut enivré lorsque je me crus destinée à partager mon existence avec Dom Carlos. C'est dans ton sein que j'épanchai ma douleur & mes larmes, lorsque j'appris qu'un nouveau traité me rendoit l'épouse de son pere; tu te souviens sans doute du mépris & de l'aversion des Anglois, de tout ce qu'ils se permirent sur Philippe & sur Marie son épouse. Ils attribuoient les persécutions de cette reine catholique aux secretes instigations de l'Espagnol. Ils en faisoient des portraits qui effrayoient mon imagination. Mais celui de Dom Carlos m'avoit été constamment présenté

fenté fous un afpect bien différent. Je le
voyois déteftant la tyrannie, plein d'ardeur
& de franchife, oppofé en tout à fon pere,
& brûlant de s'unir à moi. Je me félici-
tois du traité qui le rendoit mon époux.
Hélas ! cette douce illufion s'eft évanouie.
La mort inopinée de Marie a déchu Philippe de fes prétentions fur l'Angleterre.
En vain il offrit fa main à la nouvelle
reine ; la fage Elifabeth, maîtreffe d'elle-
même , eut trop de prudence pour fe
rendre la proie d'un tel monarque. Ses
tentatives ayant été infructueufes envers elle,
ce fut fur moi qu'il tourna fes vues. Il
m'arracha fans pudeur des bras de l'infortuné Dom Carlos, & cette inégale alliance
les rois l'ont fignée ! Que fommes-nous
donc, nous qui naiffons fur les degrés
du trône ! Un objet de trafic, dont la politique difpofe à fon gré. On pare la victime ,
on la livre fans qu'elle ofe gémir ou fe
plaindre. La fympathie des cœurs, l'union
des fentimens font comptées pour rien. La
femme du dernier de mes fujets , plus
libre, ne contracte-t-elle pas plus noblement ?
Ah ! quand elle eft conduite par un amour
pur & fincere, elle l'emporte en bonheur
fur une princeffe. Quel affreux facrifice
mon rang m'a commandé ! S'il m'eût été
permis de vivre dans la retraite, j'aurois
pu, fans me rendre coupable, conferver
en mon cœur un tendre fouvenir. Mais...
voir tous les jours l'amant qui m'adore !

H

être témoin des affronts qu'il endure, lire
son désespoir dans ses yeux, & pour comble de maux être l'épouse de son pere,
de Philippe II! Dieu! n'est-ce pas t'en
dire assez!

HONORINE.

Qu'entends-je! Elisabeth malheureuse!
Avec l'ame la plus noble, le cœur le plus
vertueux! qui peut donc goûter le bonheur
ici-bas, si votre rang....

ELISABETH.

Mon rang! Le bonheur & la paix ne
font pas ordinairement le partage d'une
famille coupable. Mon aïeul & mon pere
ont commis des forfaits que le Ciel vengeur ne laisse pas impunis. Ma mere!..
Je n'ai suivi ni ses préceptes, ni son exemple. J'ai reçu du Ciel un cœur tout différent ; les cris élevés contre elle m'ont
appris à suivre une autre route. Tu devins
ma mere, & Médicis fut mon bourreau.
C'est elle qui m'a vendue à Philippe pour
s'en faire un appui. Elle s'est avilie jusqu'à
mendier la protection de l'Espagne contre
les François, sur qui elle regne. Rien ne
lui coûte, pourvu qu'elle domine : mais
la malédiction céleste qui la poursuit,
réjaillit sur ses proches. J'ai vu mon pere
frappé d'une mort funeste au milieu des
fêtes qu'il célébroit pour mon fatal hymen.
François II, son premier fils, semble n'être

monté fur le trône que pour fe fouiller de l'affaffinat d'un magiftrat. Un roi de feize ans ofa condamner la religion d'un vieillard vertueux. Il ordonna fon fupplice, & cette affreufe fentence s'exécuta honteufement au milieu de Paris, fous les yeux d'un peuple qui ne favoit que gémir. Charles IX eft maintenant fur le trône, & donne, ainfi que fes freres, des augures non moins finiftres.... Quelle inconcevable deftinée! Fille, fœur & femme de rois fanguinaires, il ne me refte plus que d'avoir un fils qui leur reffemble. Grand Dieu! accordez-moi la grace de mourir avec l'enfant que je porte, s'il doit fuivre leur exemple ou reffembler à fon pere.

HONORINE.

Je l'ai vu enfin, cet époux redoutable, ce monarque terrible. Son abord m'a repouffé; foit prévention, ou fauffe terreur, mes yeux fe font détournés à fon approche; je me fuis éloignée le cœur faifi d'épouvante.

ÉLISABETH.

Perfonne n'a jamais fu mes chagrins, chere Honorine; tu es la feule à qui je les confie. Accoutumée dès l'enfance à t'ouvrir mon cœur, j'ai faifi ce moment pour en adoucir l'amertume. Il y a fi longtems que je n'ai goûté cette douceur. Hélas!

c'eſt peut-être pour la derniere fois. Sache
que j'ai tout fait pour m'attacher à Philippe, & me ſoumettre à mon ſort. Dieu
ſeul connoît mes efforts pour toucher ce
cœur endurci & le rendre plus humain.
C'eſt le bonheur des peuples, c'eſt ma
place, qui m'impoſoit cette tâche. Mais
hélas ! malgré mes prieres, mes remon-
trances, je ne vois en Philippe qu'un pere
dur, un mari défiant, un maître impitoyable. Son front ſourcilleux m'ôte la
confiance, & depuis quelque tems je ne
puis l'approcher ſans crainte. Ce que j'entrevois m'afflige & me trouble : d'un côté
les diſſenſions de la Flandre, de l'autre
celles de ma patrie. La tranquillité publique
ſembloit devoir être le prix de mon dévouement. Une main cachée arme les François
les uns contre les autres pour l'intérêt de
la religion. Je prévois que les ſuites de
cette diſcorde auront une longue durée...
Heureuſe Angleterre ! une femme habile
& courageuſe fait ta pàix & ta tranquillité. Eliſabeth ſe rit des foudres de Rome
& des menaces de Madrid. Elle ſait que
le peuple le plus libre eſt toujours le plus
fort. C'eſt en faiſant aimer ſon regne qu'elle
en aſſure la durée. Ici, quelle différence !
le deſpotiſme perpétue l'ignorance de ce
peuple ſuperſtitieux ; l'Inquiſition par ſes
affreux décrets, par ſes ſpectacles atroces,
enflamme le fanatiſme, & d'un bout du
monde à l'autre couvre le nom Eſpagnol

d'un opprobre éternel. La défiance & la
jalousie cherchent par-tout des victimes...
Garde-toi bien, chere Honorine, de laisser
échapper un mot qui puisse dévoiler tes
sentiments. Tu serois livrée au pouvoir
de l'Inquisition, & toute reine que je suis,
je ne pourrois t'en délivrer. Crois-moi, ne
reste point en cette cour. J'aurai soin de
favoriser ton départ. Tu retourneras com-
blée de mes bienfaits & seul témoin de
mes douleurs.

H O N O R I N E.

Hélas! les jours qui doivent prolonger
mon existence sont bien peu de chose. Mes
enfants!... Ils n'ont plus besoin de moi. O
digne Elisabeth! je ne desirois que de vous
voir. Que le Ciel dispose maintenant de
mes jours : je les lui abandonne sans regret.
Fasse l'Etre suprême que je puisse adoucir
l'amertume de votre vie aux dépens de la
mienne!

E L I S A B E T H.

Non, non. ... Je ne veux point ajouter
à mes maux celui d'avoir à craindre pour
toi. Toi seule en ce moment peux me rendre un service important. Je vais t'en confier le secret, chere Honorine. Ecoute.....
L'amitié me lie étroitemenr avec la reine
de Navarre : je l'ai déjà sauvée d'ur grand
péril... Philippe, loin d'obéir au testament
de son pere, au lieu de restituer la Navarre

H 3

uſurpée, avoit conçu le barbare deſſein de faire enlever l'unique héritier de ce royaume; des gens de guerre, furtivement arrivés, devoient arrêter du même coup le jeune Henri & ſa mere, les conduire en Eſpagne, les livrer à l'Inquiſition qui, les condamnant comme hérétiques, auroit, par une ſuite ordinaire de ſes jugemens, prononcé la confiſcation de leurs états. Le Ciel me fit connoître cette trame odieuſe aſſez tôt pour la prévenir. Aujourd'hui, un nouveau danger menace cette généreuſe protectrice des religionnaires opprimés. La reine ma mere l'appelle à ſa cour; elle veut unir ſa fille à ſon fils. Ah! ſans doute qu'il me ſeroit cher de voir ma ſœur l'épouſe du ſeul rejeton de la famille royale; mais que la reine de Navarre ſe préſerve d'une alliance auſſi trompeuſe. Va ſecrétement lui dire de vive voix ce que je ne puis lui écrire ſans danger. Dis-lui de ma part, que les avantages accordés par Charles IX aux François proteſtans ſont ſimulés; que cette derniere paix n'eſt qu'une feinte inventée par la plus noire perfidie, pour attirer tous les chefs des proteſtans à Paris, & les frapper du même coup au milieu des fêtes qu'on leur prépare.

HONORINE.

Grand Dieu, eſt-il poſſible! Quoi, la trahiſon monteroit à un tel point!

Le trône seroit souillé de forfaits aussi
exécrables !

E L I S A B E T H.

Apprends comment j'ai pu découvrir ce
complot. Tu sais le voyage que la cour
de France fit vers Bayonne, & sous quel
prétexte je fus conduite de la cour de
Madrid vers les confins du royaume, pour
avoir une entrevue avec ma mere.

H O N O R I N E.

Un obstacle m'empêcha en ce tems de
profiter d'une occasion si favorable pour
avoir la consolation de vous voir ; & c'est
pour en effacer le regret, que j'ai fait le
voyage qui met le comble à mes souhaits.

E L I S A B E T H.

Ce n'étoit pas le plaisir de me voir qui
conduisoit la reine de France jusque vers
ses frontieres, mais plutôt le dessein de
concerter le massacre des protestans avec le
cruel duc d'Albe. Couchée près de la chambre où ils dirigeoient ensemble ce funeste
complot, j'entendis tout ; j'appris que le
cardinal de Lorraine & Granvelle n'avoient
mis d'accord l'Espagne & la France qu'à
cette malheureuse condition, dont je deve-
nois moi-même la premiere victime. Ils con-
vinrent ensemble de faire périr quiconque

n'obſerveroit pas les décrets du dernier concile ; & c'eſt Philippe, c'eſt mon époux, qui eſt à la tête de ce complot abominable.

HONORINE.

Que les prêtres ſoufflent des conſeils ſanguinaires pour ſoutenir leurs intérêts & ceux du S. Siege, je n'en ſuis pas ſurpriſe, les exemples n'en ſont que trop fréquens, mais qu'un monarque adopte cette odieuſe perſécution, qu'il aiguiſe lui-même leur rage contre ce peuple innocent, contre des hommes braves & vertueux, qui preſque tous ont défendu l'état & le roi même aux dépens de leur vie, c'eſt ce qu'on ne pourra croire. Et qu'importe à Philippe leur opinion & leur maniere d'honorer l'Etre ſuprême?

ELISABETH.

Philippe fut élevé dans ſon enfance par des prêtres Eſpagnols ; ſon eſprit ſe plia de bonne heure à leurs principes, adopta facilement leur caractere ſombre & farouche. Enflé d'orgueil, ſans ceſſe entouré de vils adulateurs, s'imaginant que tous les hommes devoient fléchir ſous lui, quelle fut ſa ſurpriſe, lorſqu'en Flandre & en Allemagne, où il voulut exercer les droits d'un maître abſolu, au lieu d'hommages publics & ſinceres, il ne reçut de ces peuples qu'un froid mépris ! les proteſtans des Pays-Bas

ont facilement découvert fon hypocrifie ;
ceux d'Allemagne fe font ouvertement oppofés au defir ambitieux qu'il montroit de
vouloir un jour être leur empereur. Humilié dans le Nord, il retourne en Efpagne par l'Italie ; il paffe par Trente ; il vifite un concile qui le reçoit comme un
dieu, & dont il réclame la protection.
C'eft là que les fuppôts de l'églife romaine
lui promirent l'empire univerfel par le
moyen de leurs faints décrets...

HONORINE.

O ma chere princeffe, à quel maître le
fort vous a-t-il lié !

ELISABETH.

Juge, chere Honorine, fi fon cœur brûlant de la foif de la vengeance, ne s'eft
pas livré aveuglément à ces exécrables pro-
meffes, dont les fuites vont détruire la
tranquillité des peuples... Un maffacre général s'apprête. Le duc d'Albe eft dans
les Pays-Bas ; les Guifes en France machi-
nent avec l'Efpagne des complots ténébreux, & maîtrifent à leur gré le jeune &
trop foible Charles IX. Je tremble que
l'alliance de Henri de Navarre ne foit le
fignal du fang qu'on veut répandre. Hâte-
toi de prévenir fa mere. Eloigne-la de
cette cour fatale, où Rome & l'Efpagne
regnent avec Médicis, où l'on fait, au dé-

faut du fer, employer le poifon. L'Angleterre & l'Allemagne offrent à cette reine
infortunée un afyle plus fûr; elle y pourra
unir fon fils par des liens plus purs.... Et
toi, ma tendre amie, fuis loin de ces lieux,
profite de ton heureufe liberté, & fonge
à trouver une retraite où tes jours s'écou-
lent dans la tranquillité & la paix. Que
ne puis-je m'éloigner avec toi, & ignorée
de l'univers, finir les miens dans les bras
de l'amitié! Un défert feroit pour moi
plus agréable que cette trifte cour où m'enchaînent mon devoir & mon rang. Mais
j'apperçois Dom Carlos; il s'approche de
nous à pas précipités. Laiffe-moi feule avec
lui; je veillerai à ton départ, & te rejoin-
drai bientôt pour recevoir tes adieux.

SCENE VIII,

PHILIPPE II, GRANVELLE, SPINOLA, LE LÉGAT, LE NONCE, MONTALTE.

LE LÉGAT,

SIRE, je m'empreſſe de vous apporter la bulle de notre S. Pere. Voici ce que le ſouverain-pontife accorde à votre majeſté. Il vous diſpenſe de toutes vos promeſſes envers les provinces des Pays-Bas ; il vous délie du ſerment de les maintenir dans leurs droits & privileges en vertu de la loi fondamentale dans la catholicité, qu'on ne doit garder aucune foi envers les hérétiques.

PHILIPPE II.

Je rends grace à Sa Sainteté, & lui de-meure ſoumis comme un fils l'eſt à ſon pere.

LE LÉGAT.

Je préſente à votre majeſté la liſte de tous les livres dont la lecture eſt prohibée par le concile de Trente, afin d'en ordonner la défense dans tous vos royaumes : vous trouverez au nombre de ces livres dangereux, *la Bible en langue vulgaire.*

PHILIPPE II.

C'est une grande prudence du S. Pere, d'empêcher fur-tout la lecture de ce dernier. L'églife latine non feulement n'a aucun compte à rendre au peuple ; mais elle doit encore préferver les faintes Ecritures de tout approfondiffement & de tout examen profane. Le falut dépend de la foi aveugle.

LE LÉGAT.

Sa Sainteté me charge encore de vous dire qu'elle s'attend que vous appuierez de toute votre autorité l'admiffion des décrets du concile de Trente dans toutes les cours étrangeres & particuliérement dans celle de France, où le parlement de Paris s'ingere d'en combattre la fuprématie.

PHILIPPE II.

Affurez le S. Pere que je veille fur ce royaume comme fur le mien propre. Il eft trop voifin de mes états pour m'être indifférent, & je donnerai bientôt des témoignages de mon zele à cet égard.

LE LÉGAT.

Voici le bref follicité par votre majefté.

Il vous permet de lever une décime extraordinaire sur le clergé de votre royaume, afin de faire la guerre aux ennemis de l'église.

PHILIPPE II.

Il faut espérer qu'avec le secours du S. Siege je parviendrai à exterminer cette foule de mécréans, le scandale des vrais fideles.

LE LÉGAT.

C'est par l'établissement de la sainte Inquisition, c'est dans l'étendue de son pouvoir, qu'on trouvera les plus sûrs moyens d'extirper totalement l'héréfie. L'objet de ma mission est principalement pour presser votre majesté de forcer les Flamands à la recevoir.

PHILIPPE II.

Sa Sainteté doit être persuadée que je mettrai tout en œuvre pour l'établir chez eux; leurs révoltes ne pourront m'en empêcher. Le cardinal Granvelle, à qui j'ai fait part de mes intentions, doit savoir que j'ai ordonné de faire des exemples capables d'effrayer ceux qui seroient tentés de s'y opposer; & ces actes de sévérité ne peuvent manquer de produire un bon effet.

LE LÉGAT.

Votre majesté fait éclater sa justice en châtiant ce peuple rebelle, ignorant & opi-

niâtre ; qu'on ne peut efpérer de convaincre
& de ramener par la douceur. Auffi l'Inquifition tient-elle pour maxime inviolable
qu'il ne faut jamais difputer de religion
avec les hérétiques, fur-tout devant le peuple. Ils doivent être convertis par la voie
de l'autorité.

PHILIPPE II.

Cardinal Spinola, vous chef fuprême de
l'Inquifition d'Efpagne, répondez : pouvez-
vous me dire fi le S. Office a fini toutes les
procédures des coupables qu'elle tient em-
prifonnés ; & quand fe fera l'acte de foi ?
Il tarde beaucoup.

SPINOLA.

Sire, dans ce jour même toutes les
cloches vont annoncer au peuple cette augufte, & pieufe cérémonie. L'archevêque
de Tolede, ancien primat d'Efpagne, eft
du nombre des condamnés, d'après des
propofitions hafardées qui fe trouvent dans
fon catéchifme. Mais le pape réclamant le
droit de le juger en dernier reffort, il fera
transféré dans les prifons de Rome, fous
le bon plaifir de votre majefté.

LE LÉGAT.

Sire, c'eft feulement pour foutenir les
droits inviolables du S. Siege. Ce prélat re

vivra pas en liberté ; vous en avez la parole
du S. Pere.

PHILIPPE II.

Vous favez mes conditions. Je n'ai rien
à refuser au chef de l'églife ; il lui fuffit
d'ordonner.

SPINOLA.

L'Inquifition s'eft auffi rendu favorable à
Conftance Ponce , confeffeur de votre augufte pere. Elle lui a laiffé la liberté de
s'empoifonner lui-même dans la prifon. On
portera feulement fon effigie à l'acte de
foi.

PHILIPPE II.

Cette condefcendance charitable fait honneur à l'humanité des juges eccléfiaftiques.
Je ne dois ni n'ai envie de les contredire.

LE LÉGAT.

C'eft agir chrétiennement.

SPINOLA.

Nous avons cette fois-ci beaucoup d'évêques du regne précédent. Ils feront tous
brûlés fans exception. De ce nombre eft
le prédicateur favori de votre illuftre pere.

PHILIPPE II.

Cela fera beaucoup d'impreffion, je penfe.

Il faut des exemples capables d'intimider.
Mais enfin, quand me délivrera-t-on de
ces députés de Flandre, qui ne ceſſent de
m'obſéder de leurs repréſentations ? Ce
baron de Montigny ſur-tout, c'eſt de celuilà qu'il faut ſe débarraſſer le premier. Qu'on
ne diffère plus de s'aſſurer de ſa perſonne.
Grand-inquiſiteur, je vous ai recommandé
de veiller attentivement ſur lui.

S P I N O L A.

Que votre majeſté ne s'inquiete de rien ;
monſeigneur le légat en fait ſon affaire.

L E L É G A T.

Sire, le baron de Montigny eſt envoyé
par les états de Flandre, principalement
pour appuyer l'oppoſition que font ces peuples de recevoir l'Inquiſition dans leur pays.
Je le regarde comme un ennemi perſonnel
du S. Siege, je le fais épier par le conſul-
teur du S. Office, par le pere Montalte ;
c'eſt vous en dire aſſez, vous connoiſſez
l'eſprit fin de cet homme. Il a eu l'honneur
de prêcher derniérement devant votre
majeſté.

P H I L I P P E I I.

J'ai été très-ſatisfait de l'entendre : c'eſt
un ſavant orateur ; il ne mollit pas.

L E

Le Légat.

Approchez, pere Montalte, venez rendre compte à sa majesté de ce que vous avez pu découvrir des discours du député des états.

Montalte.

Sire, je me suis insinué dans son amitié ; j'ai gagné sa confiance, en feignant de lui parler avec franchise. J'ai retenu tout ce qui lui est échappé dans la chaleur de la conversation, & j'ai fait mon rapport dans les formes aux commissaires du S. Office.

Philippe II.

Pensez-vous avoir déposé des griefs suffisans pour lui faire son procès dans les regles ?

Montalte.

Sire, dans ces tems malheureux, le venin de l'hérésie est tellement répandu qu'il paroît par-tout ; point d'écrits qui ne soient plus ou moins infectés de ses damnables maximes. Je ferois gageure de ne pas l'entendre parler une heure, sans le voir tomber dans des fautes capitales.

Le Légat.

C'est là vérité, Sire ; personne n'est plus

I

profond dans ces fortes de matieres que le pere Montalte : fa réputation fur ce point eft étonnante. Il étoit un des fix confulteurs choifis par le pape à fon avénement au pontificat, pour donner leurs fentiments fur le cardinal Carafe.

MONTALTE.

C'eft fur mes inftructions, Sire, qu'on l'a fait étrangler.

PHILIPPE II.

Vous avez un zele actif. J'aime les hommes qui fe déterminent à la févérité, quand elle eft néceffaire au bien de la religion.

MONTALTE.

Nous tenons pour principe, qu'il vaut mieux faire périr des catholiques d'une foi douteufe, que de laiffer échapper un feul hérétique. Voici la raifon qu'en donne le directoire des inquifiteurs : c'eft qu'en donnant la mort à un catholique innocent, on ne fait que lui affurer le paradis ; au lieu qu'en laiffant échapper un hérétique, il pourroit fe perdre, & infecter un grand nombre d'efprits ; nous brûlons fon corps, mais nous fauvons fon ame. Nous n'abandonnons pas les réfractaires, & jufqu'au dernier inftant nous leur offrons les moyens d'échapper à la damnation éternelle.

PHILIPPE II.

Vous êtes éloquent & très-inftruit, pere Montalte. Je vous nomme mon prédicateur ordinaire, & vous gratifie de mille piftoles.

MONTALTE.

Sire, vos bontés me pénetrent jufqu'au fond de l'ame. J'ai vu dans votre majefté l'homme fupérieur que la divine Providence avoit choifi pour exterminer l'héréfie chez tous les peuples de la terre & rendre fon regne mémorable; dès cet inftant je fuis devenu fon plus affectionné fujet. Oui, Sire, c'eft à vous qu'il faut appliquer ces paroles de l'Ecriture : *Je t'ai donné en lumiere aux nations, afin que tu fois mon falut jufqu'aux extrémités de la terre.*

LE LÉGAT.

Admirable & jufte citation !

LE NONCE.

Rien de plus conféquent. Auffi, Sire, vous honorez-vous du beau titre *de très-catholique.*

PHILIPPE II, *au Légat.*

Je penfe qu'il feroit en état de dreffer la forme d'une bulle d'excommunication, dont j'ai befoin d'envoyer le modele au S. Pere.

LE LÉGAT.

Sire, je réponds de sa capacité.

PHILIPPE II, *à Montalte.*

Il est question de noircir Elisabeth d'Angleterre de tous les crimes dont l'héréfie est capable. Je voudrois vous voir ébaucher cela dès aujourd'hui.

MONTALTE.

Votre majesté sera promptement servie. Son excellence peut rendre témoignage de la facilité avec laquelle je m'acquitte d'une pareille composition.

LE LÉGAT.

Oui, toujours avec plein succès.

PHILIPPE II, *à Montalte.*

Vous vous rendrez ce soir à mon audience particuliere (*Montalte se courbe jusqu'à terre.*) (*Au Légat.*) Je vais écrire au S. Pere, & vous lui ferez passer avec ma réponse les témoignages de ma gratitude. Venez, Granvelle, j'ai encore à travailler avec vous. (*A Spinola.*) Grand inquisiteur, allez donner vos soins à la solemnité qui se prépare. J'y paroîtrai moi-même : que le S. Pere en soit informé.

S p i n o l a.

Je mettrai mes foins & ma vigilance à
mériter la bienveillance de votre majefté,
& fuivrai ponctuellement l'avis ingénieux
que fon amour du bien public lui infpire,
& dont le cardinal Granvelle m'a fait part.

SCENE IX.

SPINOLA, LE LÉGAT, LE NONCE, MONTALTE *un peu éloigné.*

S p i n o l a.

Vous voyez dans quelles heureufes dif-
pofitions j'entretiens le roi. J'efpere que Sa
Sainteté fera fatisfaite d'apprendre l'ardeur
que je mets à la fervir. Je rifque beaucoup;
mais l'efpoir d'être foutenu en cas de revers,
éleve mon courage.

L e L é g a t.

Auffi la cour de Rome vous eft-elle entiérement attachée, & ne vous laiffera jamais
dans aucun embarras.

L e N o n c e.

Certainement vous pouvez compter fur
la protection du facré college. L'intérêt

général est d'être unis ensemble. Vous pouvez tout entreprendre à l'ombre du S. Siege.

SPINOLA.

Je laisse vos éminences, en me recommandant à leur faveur. Ce jour est pour moi un grand jour de travail ; car nous avons plus de trois cens prisonniers à faire passer par la question.

LE LÉGAT.

Allez, monseigneur le cardinal ; que rien ne vous détourne de ces fonctions aussi graves que méritoires.

SCENE X.

LE LÉGAT, LE NONCE. MONTALTE.

LE LÉGAT.

Eh bien, le pere Montalte se repent-il présentement de m'avoir suivi ? Le voilà en faveur. Oh ! il va faire beaucoup d'envieux.

MONTALTE.

Monseigneur, le bien que je trouve le plus digne d'envie est celui de votre honorable amitié. Illustres prélats, que vous

êtes à mes yeux bien au-deſſus des rois,!
Ils tiennent du ſort ce que vous tenez de
votre propre mérite. Je m'inſtruits tous les
jours avec vous, & vos éminentes qualités
me découvrent de plus en plus en vous une
grandeur vraiment ſurnaturelle.... Pour vous
l'avouer, je crois voir deux papes, en vous
conſidérant l'un & l'autre. ...

L e N o n c e.

Vous avez raiſon à l'égard de monſeigneur le légat, on ne fera que lui rendre
juſtice, quand on l'élevera à cette ſuprême
dignité. Quant à moi, pere Montalte, je
n'y ai pas plus de droits que vous.

L e L é g a t.

Quoique j'aie été fait cardinal avant vous,
vous pouvez devenir pape avant moi. Sou-
venez - vous de ce paſſage de l'Evangile :
Ultimi primi. Vous auſſi, pere Montalte,
avez également droit à la chaîre de Saint
Pierre.

M o n t a l t e.

Ah monſeigneur, monſeigneur !..Moi?
que dites - vous? Le ſouffle de vie qui m'a-
nime eſt toujours ſut le point de m'abandonner.

L e N o n c e.

Telles ſont les prérogatives de l'égliſe.
Chacun, en ſoutenant la cauſe du chef,

doit toujours penser qu'il travaille pour lui-même. Quand on est une fois dans les ordres, on ne sait jusqu'où l'on montera.

LE LÉGAT.

Je serois curieux, pere Montalte, de voir comment vous iroit un chapeau de cardinal.

MONTALTE.

Monseigneur, vous en ferez l'expérience quand vous serez pape.

LE LÉGAT.

Je souhaiterois le devenir, uniquement pour récompenser votre mérite d'une pareille distinction.

MONTALTE, *au Nonce.*

Monseigneur le Nonce, je vous prie de vous ressouvenir que monseigneur le légat m'a promis de me coëffer d'un chapeau rouge sitôt qu'il le seroit de la tiare.

LE NONCE.

Vous serez satisfaits l'un & l'autre, s'il n'est besoin là-dessus que de mon suffrage.

LE LÉGAT.

Pere Montalte, nous vous laissons songer à ce que le roi vous a demandé. Vous

devez avoir un entretien particulier avec lui.
N'oubliez pas nos inſtructions.

MONTALTE.

Monſeigneur, vous connoiſſez mon dévouement pour le S. Siege. Je mets le
bonheur de ma vie à le ſervir avec zele, &
à me rendre de plus en plus digne de votre
confiance.

LE NONCE.

Nous nous repoſons ſur vous.

SCENE XI.

MONTALTE, ſeul.

COURAGE, Montalte ! Te voilà enfin
ſur le chemin des grandeurs. Soutenu par
Rome, acceuilli à la cour d'Eſpagne, je
crois déjà commencer à devenir un homme important. Perſonne ne peut être plus
initié que moi dans le ſecret du cabinet ;
j'en ſuis le premier conſeiller. Tous ces
gens-là ne valent rien, & je ne dois pas
me rendre meilleur, ſi je veux m'avancer.
Allons, Montalte, ſuivez votre deſtinée.
N'avez-vous pas fait vœu d'être pape ? Il
ſeroit plaiſant de voir le pauvre Félix (1),

---

(1) Ainſi il s'appelloit lorſqu'il étoit pâtre.
S'étant attaché à un cordelier conventuel qui ſ₃

gardant jadis les pourceaux, paroître au
Vatican sous le triple diadême. Eh ! pour-

---

trouvoit en peine du chemin qu'il devoit prendre, il ne le quitta point, & sollicita si vivement pour qu'on le fît étudier, qu'il fallut le
rendre à ses instances. On le revêtit de l'habit
de cordelier. Il devint docteur & professeur de
théologie, puis commissaire-général à Bologne,
& inquisiteur à Venise. Ayant déplu au sénat,
il faillit à se faire pendre, & il fut contraint
de s'enfuir de cette ville. Arrivé à Rome, il
changea de caractere ; de brouillon & de pétu-
lant qu'il étoit, il se fit admirer par la complai-
sance & la douceur de son esprit. Il fut nommé
consulteur du S. Office : point de doute qu'il ne
convoitât le trône pontifical, seul trône ouvert en
Europe aux espérances ambitieuses d'un particulier.
Son disciple & son protecteur ayant obtenu la
tiare sous le nom de Pie V, il fut élevé à la
pourpre romaine. Ce fut alors qu'il commença
ce cours de dissimulation profonde qui voiloit ses
desseins : il affecta tous les dehors d'un vieillard
qui succombe sous le poids des années ; il ne paroissoit occupé que de l'affaire de son salut, & ne
parloit que de sa fin prochaine. Ainsi parmi nous
le malin Voltaire, pour tromper la persécution &
les persécuteurs, se disoit toujours mourant, & tint
ce langage pendant trente-cinq années. Ses ennemis
le crurent, & ce fut là sa sauve-garde. Sixte-
Quint marchoit la tête penchée sur l'épaule, ap-
puyé sur un baton ; & dès qu'on lui parloit, il
répondoit d'une voix foible, interrompue par une
toux qui sembloit devoir l'emporter dans peu de
jours. Grégoire XIII étant mort, les cardinaux
se diviserent en cinq factions, & bientôt ils se

quoi non ? Je me sens plein de force & de ressources, & le gouvernement du monde entier ne me feroit point trembler, sur-tout quand je considere de près ces cardinaux, ces papes, ces rois..... Quels pauvres & ineptes humains ! Quoi, leur nom en impose à toute la terre ! Oh ! je saurois commander aussi bien qu'eux. Les hommes en général sont bien foibles, il ne faut que prendre un certain ascendant sur eux, & cela devient aisé quand on a pour soi l'opinion & la force. Fort bien, Montalte, baisse-toi sans cesse pour mieux t'élever. ... Rêvons un peu à l'excommunication de cette reine d'Angleterre : elle est spirituelle, & se rit de nos anathêmes ; mais qu'importe ? nous viendrons à bout d'humilier tous ces monarques qui doivent hommage à la tiare.

---

déterminerent pour celui d'entr'eux dont la vie paroissoit devoir moins durer que le tems d'un conclave. Mais à peine Sixte-Quint eut-il la tiare sur la tête, qu'il jeta son bâton & qu'il entonna le *Te Deum* d'une voix si forte, que la voûte de la chapelle en retentit. Il distribua les bénédictions avec une légéreté égale à la souplesse de ses jambes. Il fit même le goguenard à ce sujet, & dit : *Naguere je cherchois les clefs du paradis, & pour les mieux trouver je me courbois ; mais depuis qu'elles sont entre mes mains, je ne regarde que le ciel.*

SCENE XII.

Le théatre repréfente une place de Madrid, où le roi doit voir paffer la proceffion de l'acte de foi. Les balcons des maifons, ainfi que les fenêtres, font garnis de fpectateurs. Divers échafauds décorés de fuperbes tapis font occupés par des gens de diftinction. La foule du peuple eft répandue dans la place, & contenue par des gardes. Sur le devant du théatre eft la baluftrade réfervée pour le roi. On entend les cris de la populace.

BEAL, BURTON, *Capitaines.*

(*Ils paffent fur le devant du théatre, & fe placent derriere une colonne.*)

BEAL.

Venez par ici, Milord; écartons-nous de la foule. Gardez - vous fur - tout de laiffer appercevoir la moindre impreffion de pitié. Nous pourrons dans cet endroit parler plus librement ; mais fi quelqu'un nous approche, n'oubliez pas de refter auffitôt dans le plus profond filence.

BURTON.

Quel pays !.... Qu'ai-je vu !.... Mon fang bouillonne à l'afpect de tant de fcenes

révoltantes. Ces bûchers dreſſés par des prêtres, ces inquiſiteurs le crucifix à la main,
la marche lente & ſombre de cette proceſſion
funebre, ce chant lugubre mêlé de gémiſſemens, ces victimes humaines entourées de
flambeaux, & rendues méconnoiſſables
ſous les vêtemens hideux dont on les a
défigurés!..... Un de ces malheureux a
jeté ſur nous un regard qui m'a briſé le
cœur : j'ai cru dans ſes traits reconnoître un
de mes compatriotes. O mon ami ! ſi j'en
croyois ma fureur, je fondrois moi-même
ſur ces exécrables bourreaux. Que n'ai-je là
ſeulement trois cents de nos braves Anglois!
Une riviere de ſang éteindroit bientôt ces
feux ſacrileges, où l'innocence va périr.

B E A L.

Retenez un tranſport qui dans ce moment
devient auſſi dangereux qu'inutile. Réſer-
vez-vous pour des occaſions illuſtres & plu s
favorables. Cette nation jalouſe ſuſcitera
aſſez contre la nôtre des guerres où vous
pourrez ſatisfaire votre ardeur & votre courage. Béniſſons le Ciel, qui n'a pas permis
que Philippe devînt notre ſouverain, &
qui, à la place de ſa méchante épouſe,
nous a donné une reine éclairée qui nous
laiſſe le libre exercice de notre raiſon.

B U R T O N.

Ce beau pays que le fanatiſme dépeuple
& tourmente, eſt néanmoins intéreſſant par

ce qu'il fut, & par ce qu'il pourroit être : climat heureux, situation avantageuse, productions excellentes, & je n'y vois de toutes parts que des êtres sombres & atrabilaires, que des humains ignoblement défigurés par le froc monacal. L'Espagne tient tous ses biens de la nature, & ne doit ses maux qu'à sa profonde superstition. Que ne dénature pas une volontaire ignorance !

B E A L.

Il y a dans ce royaume quatre cens mille moines ; on y compte onze mille couvens, non compris les paroisses.

B U R T O N.

Pauvre peuple ! que Dieu te guérisse de cette vermine qui te ronge & t'abrutit !... Mais quelle est cette troupe de gens armés de piques & de mousquets, & accompagnés de fanfares ?

B E A L.

Ce sont les charbonniers qui fournissent le bois pour les bûchers du saint Office. Ils ont droit d'ouvrir la marche de l'acte de foi.

B U R T O N.

La maudite canaille ! Ils paroissent tout enorgueillis d'un pareil privilege. On ne trouveroit pas chez nous un seul homme, même parmi la lie du peuple qui voulût prêter son ministere à d'aussi honteuses

cérémonies. Comment s'appellent ces moines
qui marchent après eux ?

B E A L.

C'est l'ordre dévoué à l'inquisition, comme
ayant été inventée par son fondateur ; & pour
tout dire en un mot, ce sont les disciples de
S. Dominique.

B U R T O N.

Que la malédiction du Ciel tombe sur
eux, & frappe tout ce qui tient à ce barbare
instituteur. ! Si jamais je rencontrois un
vaisseau ennemi flétri d'un pareil nom, je
le ferois sauter si haut qu'il n'en reparoîtroit
jamais une seule parcelle.

B E A L.

Voyez ce grand-d'Espagne, qui porte au
milieu de ces moines l'étendard de leur
frénésie.

B U R T O N.

Ce grand-d'Espagne a l'air bien misérable !
Quoi, faire parade d'un dévouement absolu aux ordres sanguinaires de cette détestable moinerie ! . . . . Mais que signifient toutes ces figures peintes ?

B E A L.

Ce sont les effigies de ceux qui sont morts
dans les prisons ; & les caisses que l'on porte
après, contiennent leurs ossemens qui vont
être brûlés.

BURTON.

Quelle rage infernale ! Quel délire ! ... Et comment peut-on faire le procès à des restes inanimés ? A quoi sert cette absurde vengeance ?

BEAL.

A confisquer les biens des défunts, & à priver leurs enfans de leur héritage. On a vu déterrer des gens morts depuis dix ans, pour les juger sur des accusations imprévues.

BURTON.

C'est un abyme d'iniquité.... Les voilà, ces malheureuses victimes. ... O ciel ! mon cœur se gonfle ; je ne pourrai rester à cette place.

BEAL.

Ceux que vous voyez marcher les premiers, vêtus d'une robe qu'on appelle *san-benito*, n'ont commis que des fautes légeres, comme d'avoir blâmé quelques cérémonies. Ceux-là seront seulement fouettés, ensuite jetés sur les galeres.

BURTON.

Autant vaut mourir, je pense.

BEAL.

Les autres qui suivent sont condamnés au feu comme hérériques. On les distingue par ce grand bonnet, sur lequel sont peints des *diables* & des *flammes*. Voyez tous ces moines à la physionomie dure & sinistre, qui
les

les obſedent de leurs paroles, pour leur faire
abjurer leurs prétendues erreurs.

BURTON.

Le tumulte paroît augmenter.

M. BEAL.

C'eſt peut-être le roi qui arrive. Non ?
c'eſt l'Inquiſiteur-général, accompagné de
tous ſes dignes ſuppôts. Ecartons-nous, car
voici ſûrement des eſpions qui viennent à
nous pour nous obſerver.

(*Pluſieurs eſpions arrivent précipitamment,*
& les ſuivent au moment où ils ſe retirent).

SCENE XIII.

SPINOLA, GRANVELLE, LE LÉGAT,
LE NONCE, MONTALTE, *Troupe*
d'Evêques & d'Inquiſiteurs.

SPINOLA *fous un dais, portant le livre*
des loix de l'inquiſition. (A un Inqui-
ſiteur).

LE roi va paroître. Veillez à l'ordre de
la marche.

GRANVELLE, *à part à Spinola.*

Dom Carlos nous ſuit toujours... Son
air agité m'alarme & m'inquiete. Il eſt entouré de tous ſes jeunes menrs, & j'appréhende qu'il ne cherche à nous manquer
de reſpect.

K

SPINOLA.

Endurons tout avec patience, & ne rif-
quons point de caufer une émeute, en pro-
voquant fon animofité. Qui fait fi le peuple ne fe fouleveroit point en fa faveur ?
Il vaut mieux fouffrir en attendant le roi,
dont la préfence fera taire le murmure.

SCENE XIV.

DOM CARLOS, *fuivis de fes menins,*
LES ACTEURS PRÉCÉDENS.

DOM CARLOS, *à Spinola & aux autres.*

VOUS paroiffez inquiets de me voir
fi près de vous en ce lieu. Vous favez
combien vos actes barbares me font horreur. C'eft en les contemplant, que je viens
nourrir l'indignation dont je veux un jour
vous écrafer. Prêtres impitoyables, mille
fois plus odieux & plus cruels que les
païens, que les fauvages même accoutumés à fe repaître du fang humain ! oui,
j'efpere un jour vous anéantir ; fans cette
efpérance, je me ferois tuer à l'inftant
plutôt que de vous laiffer achever vos abominables facrifices.

SPINOLA, *au Légat.*
Je prie votre éminence de ne point fe
fcandalifer de ces difcours.

GRANVELLE, *à Dom Carlos.*
Ah, mon prince ! à quel excès ofez-vous

vous porter ! Au moins, craignez le roi.
Le voilà qui s'avance.

D O M C A R L O S,

Craignez vous mêmes que ce nom sacré,
à l'abri duquel vous vous rangez aujour-
d'hui ne punisse dans la suite les forfaits
commis à l'ombre de son pouvoir. Non,
rien ne pourra vous souftraire à ma juste
vengeance. Je le jure, & vous vous sou-
viendrez de mes sermens.

(Dom Carlos se retire).

G R A N V E L L E.

Je frémis quand je pense qu'un malheureux instant pourroit le rendre maître
de nous.

L E L É G A T.

La religion nous soutiendra toujours ; &
si vous savez la faire parler, ce sera plutôt
à lui à trembler.

M O N T A L T E.

Nous avons une *bulle* contre ceux qui
useront seulement de menaces envers un
officier de l'Inquisition. Elle ordonne que
l'infracteur soit non-seulement excommu-
nié, mais encore puni de mort, comme
coupable de *lese-majesté divine & humaine au
premier chef.* Sur ce point sacré, aucune
faute n'est légere, tout est crime capital,
& il n'y a ni rangs, ni dignités qui puis-
sent mettre à couvert le coupable.

SPINOLA.

Il faudra repréſenter cela au roi en particulier, & je dépoſerai ſur tout ce qu'il
a oſé dire.

SCENE XV.

**PHILIPPE II, RUY - GOMEZ, LE
COMTE DE LERME, LE DUC DE
FERIA, DOM DIEGUE DE COR-
DOUE, ET PLUSIEURS GRANDS-
D'ESPAGNE.**

(*Le roi arrive ſous un dais moins élevé que
celui du grand - Inquiſiteur. Il s'avance,
ôte ſon chapeau, qu'un grand d'Eſpagne
reçoit avec reſpéct. Il tire ſon épée, la tient
élevée d'une main, & poſe l'autre ſur le
livre des loix de l'Inquiſition, que tient
Spinola.*)

PHILIPPE II.

A la face de l'univers, je renouvelle ici
la promeſſe inviolable de défendre juſqu'à
mon dernier ſoupir la ſainte Inquiſition.
Je m'engage à détruire quiconque oſera
déſobéir à ſes commandemens ſuprêmes.
Je jure de porter ſoumiſſion à ſon divin tribunal, & de forcer non-ſeulement mes ſujets à ſuivre ſes décrets, mais encore de
me ſervir de l'épée que Dieu m'a donnée,
pour étendre ſon pouvoir par toute la
terre.

S p i n o l a.

Que le Ciel accorde à vos vœux les fuccès qu'ils méritent, pour le falut du monde !
[*La marche commence & fait le tour du
théatre en paffant devant le roi.*] (*aux condamnés.*) S'il eft parmi vous quelque hérétique qui veuille faire ici abjuration publique de fes erreurs, & témoigner hautement fon repentir, fa majefté, par fa clémence infinie, veut bien lui accorder la
grace qu'on l'étrangle avant de le brûler.

(*Les moines difent aux condamnés :*)

U n M o i n e.

Profitez de cette bonté ; vous n'avez
qu'un inftant.

A u t r e M o i n e.

Dites feulement, *je crois.*

A u t r e M o i n e.

Rien n'eft plus facile que de dire *je crois.*

U n V i e i l l a r d *condamné.*

On a fait mourir mon fils dans les tor-
tures pour le forcer à m'accufer. Otez-
moi vîte de ce monde, où vous refpirez
pour le malheur des humains. Que m'importe le fupplice par lequel vous m'allez
faire périr ? Tous les tourmens feront fup-
portables, pourvu qu'ils m'arrachent de
vos mains.

(*Ce condamné paffe, ainfi que les autres,
devant le roi.*)

K 3.

UN MOINE, *à un autre condamné.*

. Et vous, ayez pitié de votre ame.

UN JEUNE HOMME.

Je veux mourir dans la religion de mes peres. (*Il paſſe.*)

UNE FEMME.

Non, jamais je n'offenſerai Dieu en renonçant à la loi que ma raiſon a adoptée.

(*Elle paſſe.*)

UN AUTRE.

Mon ame m'eſt plus chere que mon corps; que celui-ci périſſe.

UN AUTRE.

Dieu nous jugera tous.

UN MOINE, *à l'évêque Caralla.*

Mon cher évêque, cédez dans ce moment extrême & terrible ; acquieſcez de vive voix au concile de Trente.

CARALLA.

Ainſi l'on oſe traiter un ancien prélat, l'ami de la vertu & de la vérité ! Quelle affreuſe révolution s'eſt faite dans l'égliſe ! Je vois ſes dignités en proie à des uſurpateurs ligués entr'eux pour perpétuer l'erreur & la tyrannie. Allez, faux miniſtres; ce n'eſt pas moi que vous pourrez corrompre; je vous connois trop bien , & je fais encore mieux quels ſont mes devoirs. Et toi auſſi , ô roi! tu peux être le témoin tranquille des tourmens que tes ſujets endurent ! fauve-les de cette cruelle mort. Tu n'ignores pas qu'ils font innocens.

Ｐｈｉｌｉｐｐｅ ＩＩ.

Non, non... Je dreſſerois moi - même le bûcher de mon fils, s'il étoit auſſi criminel que vous tous.

Ｕｎ ｄｅｓ Ｃｏｎｄａｍｎéｓ.

Dieu nous attend devant ſon tribunal. Tyran, crains ſa juſtice.

Ｕｎｅ ｊｅｕｎｅ Ｆｉｌｌｅ.

Moi; je ne ſuis condamnée que pour n'avoir pas voulu condeſcendre aux deſirs infâmes d'un inquiſiteur. Mais j'aime mieux à préſent périr avec vous dans les flammes, que de m'avouer lâchement de la même croyance que ces monſtres-là.

Ｕｎ Ａｕｔｒｅ, *en paſſant, dit au Roi :*

Tu nous perſécutes, toi qui devrois nous protéger; toi que nous n'avons jamais offenſé! Roi ſanguinaire & ſuperſtitieux, il eſt au ciel un autre tribunal, devant lequel tu paroîtras bientôt; crains la vengeance du Dieu que tu feins d'adorer.

Ｕｎ Ａｕｔｒｅ, *au Roi.*

Infâme hypocrite! Dieu te punira.

Ｕｎ Ａｕｔｒｅ.

Grand Dieu qui connois les cœurs, reçois mon ame, & juge-nous!

K 4

UN AUTRE.

Roi cruel, tu rendras compte à Dieu de nos tourmens.

RUY-GOMEZ.

Ils blafphêment contre fa majefté, ainfi qu'ils ont fait contre la Divinité

PHILIPPE II.

Je fouffre toutes leurs injures avec la patience d'un bon catholique. Je leur pardonne, & les délivrerois même, fi je ne devois le facrifice de ma pitié à l'intérêt facré de la religion. Mais je me dépouille pour l'amour de Dieu, de tout ce qui peut m'attacher à l'humanité.

(*Spinola & tous les inqufiteurs ferment la marche de la proceffion.*)

SCENE XVI.

PHILIPPE II & *fa fuite*, ELISABETH, LA COMTESSE D'EGMONT *avec fes onze enfans*, LE BARON DE MONTIGNY, DOM CARLOS & *fa fuite.*

(*La comteffe d'Egmont, en arrivant, fe jette aux pieds du roi, ainfi que fes onze enfans.*)

ELISABETH.

J'AMENE à vos pieds la comteffe d'Egmont. Elle arrive de la Flandre avec fes enfans , pour implorer la protection de votre majesté contre les violences du duc d'Albe.

L A C O M T E S S E.

Sire, vous voyez une femme désolée.... Mes enfans vous redemandent leur pere injustement emprisonné. Nous réclamons votre justice. Mon époux fut toujours fidele à votre majesté.

P H I L I P P E I I.

Vous auriez dû attendre mes ordres, madame , & sur-tout ne pas venir aussi publiquement. Mais calmez-vous, & parlez avec assurance.

L A C O M T E S S E.

Daignez, Sire, avoir égard à la frayeur où je suis : le trouble qui m'agite m'empêche de m'exprimer. Ah ! jugez de mes terreurs. Cazambrot , seigneur de Berkessel & secrétaire du comte mon époux, a été appliqué à la torture la plus cruelle , pour le forcer de charger son maître & son ami. Quand son corps épuisé parut prêt à succomber dans les tourmens, le duc d'Albe , furieux de n'avoir pu arracher de lui aucun aveu pour pouvoir condamner mon époux, le fit écarteler.

D O M C A R L O S, *à part.*

Une atrocité pareille n'a point d'exemple!

(*Philippe II le regarde , & il se tait.*)

LA COMTESSE.

Sire, mon époux est prêt d'être condamné par un conseil de sang, composé
d'hommes obscurs, tous vendus au duc
d'Albe, ce rival implacable, envieux des
lauriers dont le comte d'Egmont s'est couvert en combattant pour vous.

DOM CARLOS.

Mais, comme chevalier de la Toison
d'or, il doit être jugé par ses pairs, &
ne peut être emprisonné que par leur autorité & de leur consentement. C'est le
privilege autenthique & sacré que la loi
fondamentale de son pays assure aux
citoyens même du dernier ordre.

PHILIPPE II, *à Dom Carlos.*

Retirez-vous.

(*Dom Carlos se retire avec un mouvement
de contrainte.*)

ELISABETH.

Prince ....

PHILIPPE II, *à la Comtesse.*

Vous n'ignorez pas, madame, les quatre
chefs d'accusation portés contre le comte
d'Egmont & le comte de Horn.

LA COMTESSE.

Croyez, Sire, qu'ils n'ont jamais conçu
une pensée préjudiciable à votre autorité.
Ils ont cherché à punir les séditieux. S'ils
ont accordé en quelques endroits aux protestans la liberté de s'assembler, c'étoit

pour les appaiser & les empêcher de se
porter aux derniers excès , c'étoit pour ré-
tablir la paix dans les Pays - Bas. S'ils sont
coupables , ce n'est que de s'être trompés
sur les moyens.

P H I L I P P E I I.

J'examinerai cela , madame , & je vous
ferai donner réponse.

L A C O M T E S S E.

'Ah , Sire ! pardonnez ; mais je frémis...'
Les momens sont précieux ; car que ne se
permettront-ils pas pour perdre mon époux
& le faire périr ?... O reine ! daignez inter-
céder pour nous.

E L I S A B E T H.

Sire , trop de larmes & trop de sang
ont coulés & coulent encore dans ces malheureuses provinces. Au milieu de tant
d'exécutions féveres, donnez au moins une
feule marque de clémence en faveur d'un
fujet qui exposa plus d'une fois sa vie pour
votre service.

P H I L I P P E I I.

Madame , j'ai dit que je ferai donner
réponse après avoir consulté mon conseil.

M O N T I G N Y.

Sire , c'est au nom des états que je viens
réclamer leurs droits ouvertement violés.
Les loix qui ont rendu le duché de Brabant héréditaire à la couronne, ont exigé
de vous le serment sacré de les maintenir

dans leurs privileges. Les Flamands ont toujours prouvé combien ils étoient jaloux des
prérogatives de leur pays ; & Charles-Quint
lui-même, quoique maître absolu, les a
respectées. Que deviendroient effectivement
ces peuples sous une autorité oppressive ou
tyrannique ? Votre majesté, avec tout le
génie possible & les meilleures intentions,
ne peut répondre que dans ses successeurs
il ne s'en trouve quelqu'un qui abuse du
pouvoir illimité. Les Flamands ne s'y ex-
poseront jamais : la révolte & la dépopula-
tion dévasteront plutôt ces provinces.

PHILIPPE II.

Il faut me laisser le soin de remédier à
ces inconvéniens, s'ils arrivent. J'abolirai
tout ce que je trouverai nuisible ; mais je
veux que l'on commence par m'obéir. La
premiere chose qu'on devoit faire étoit de
me montrer de la soumission, & pour effacer cette tache d'hérésie dont ils sont souil-
lés, payer sans résistance & sans murmure
les nouvelles taxes. Ils doivent se trouver
heureux de ce que je ne leur demande que
ce tribut modéré.

MONTIGNY.

J'ose représenter à votre majesté qu'il est
nécessaire pour ses intérêts de recourir à des
moyens pacifiques. La réduction de ce pays
n'est pas si aisée qu'on veut vous le faire
croire : on ne doit espérer de soumettre les
Flamands, ni par la force, ni par la séduc-

tion. Ils sont fermement résolus à soutenir leurs droits & sur-tout la liberté de conscience. Le nombre des protestans est plus formidable qu'on ne pense. Je vous en conjure, Sire, ne risquez point de ternir la gloire de vos armes dans la Flandre, ou d'en faire un désert. Le peuple de la Zélande refuse déjà de travailler aux digues, & préfere de laisser son pays s'engloutir sous les eaux de la mer, plutôt que d'y souffrir des troupes Espagnoles.

PHILIPPE II.

Baron, vous soutenez un parti bien imprudent. Vous en aviez un meilleur à prendre, c'étoit de vous attacher au cardinal Granvelle, & de seconder avec zele l'établissement de l'Inquisition dans la Flandre; mais il en est tems encore.

MONTIGNY.

Qu'il me soit permis d'avouer à votre majesté combien j'ai en horreur tout ce qui peut m'écarter des sentimens glorieux que m'ont transmis mes ancêtres. Ma vie est en vos mains: j'ai refusé de prendre les armes contre vous; mais je ne commettrai jamais le crime infâme de trahir la cause de ma patrie & de vendre mon bras contre mes concitoyens.

PHILIPPE II.

Je vois que toute la noblesse des Pays-Bas s'est liguée avec le prince d'Orange.

MONTIGNY.

Sire, le prince d'Orange, comme un des principaux membres des états du pays, prétend que son serment lui impose l'obligation indispensable de maintenir les droits du peuple. C'est ainsi que pense toute la noblesse. J'ai prévenu votre majesté de tout ce qui arrive : je me dévoue encore pour la ramener, s'il est possible, à des voies de conciliation.

PHILIPPE II.

Nous verrons.

LA COMTESSE.

Hélas, Sire, puis-je respirer !.. Un seul mot de votre majesté me confirmeroit...

ELISABETH.

Faites pour moi cet effort ; je ne l'oublierai de la vie. Voyez les transes mortelles de cette famille tremblante, que vous pouvez soulager d'une seule parole.

PHILIPPE II.

Il suffit, Madame ; votre commisération excite la mienne... Quand l'intérêt du Ciel m'empêche de l'écouter, j'en fais avec peine le sacrifice ; mais soyez tranquilles... Suivez-moi, baron de Montigny.

LA COMTESSE ET SES ENFANS *ensemble.*

Nous vous bénirons jusqu'à notre dernier soupir.

SCENE XVII.

ELISABETH, LA COMTESSE ET SES ENFANS.

LA COMTESSE.

AH, madame ! votre cœur s'est montré sensible, & c'est vous qui sauverez mon époux. Nous vous garderons une reconnoissance éternelle : daignez joindre à vos bontés celle de protéger un pays qui va être entiérement dévasté. Les cruautés du duc d'Albe sont inouies : il n'y a personne d'innocent à ses yeux ; l'attachement même à la foi catholique n'est plus une sauve-garde contre son ressentiment. J'ai vu périr en un seul jour dix-neuf gentilshommes par la main du bourreau, & près de deux mille habitans livrés au dernier supplice, sans distinction d'âge ni de sexe. De vénérables vieillards traînés par leurs cheveux blancs sur l'échafaud ; des femmes enceintes appliquées à la torture, & jusqu'aux enfans massacrés sans pitié pour cause d'hérésie. Plusieurs qui protestoient être attachés à l'église romaine & n'avoir assisté qu'une seule fois aux assemblées, ont été néanmoins suppliciés. Et quant à ceux qui persistoient dans leur croyance, il n'est point de douleurs que l'ingénieuse barbarie des Espagnols ne leur ait fait endurer. Ils ordonnoient au bourreau

d'appliquer un fer chaud ſur leur langue,
pour les empêcher de rendre témoignage à
leur religion au milieu des flammes. Ils les
faiſoient enfermer dans une machine inventée
pour aggraver leurs tourmens & pour étouffer
leurs cris.

E L I S A B E T H.

Arrêtez, Madame ; je ne puis ſupporter
ce récit. Je ne le croirois jamais, s'il ne
ſortoit de votre bouche. J'en ai le cœur
navré. Voilà donc les maux que j'appréhen-
dois ! Ils ſont parvenus à leur comble avant
que j'aie pu tenter d'en arrêter les progrès.
Mais je ſauverai votre époux. Oui, je ſais
qu'il fut auſſi brave que fidele.....

SCENE XVIII.

ELISABETH, LA COMTESSE ET SES ENFANS, DOM CARLOS.

(*Sa ſuite reſte un peu éloignée, faiſant un
cercle dans le fond, de maniere que perſonne ne puiſſe approcher.*)

D O M C A R L O S, *avec tranſport.*

JE reviens vers vous, pénétré d'horreur,
& la déſolation dans l'ame...Famille déplorable ! à votre aſpect, je ſens encore augmenter ma fureur.

E L I S A B E T H.

A quelles extrêmités vous abandonnez-
vous,

vous, Prince! Pourquoi vouloir ajouter à
tant de maux la terreur où me jettent vos
tranſports?

D o m C a r l o s.

Il n'eſt plus tems, Madame; j'ai trop
balancé. Je me dégage de ce que je vous
ai promis… Que ne ſuis-je à cette heure
au milieu des Flamands! Une démarche
hardie auroit ſauvé la gloire de mon pere
& prévenu une foule de crimes. Je les ven-
gerai au moins, ſi je n'ai pu les prévenir.
L'exécuteur de tant de cruautés ne demeurera pas long-tems impuni, & l'exemple
que j'en veux faire effraiera quiconque ſeroit
tenté de l'imiter.

E l i s a b e t h

Et c'eſt devant moi que vous oſez publiquement vous laiſſer emporter à des projets
auſſi téméraires! Ah, Prince! voyez tous
ceux qui vous entendent.

D o m C a r l o s.

C'eſt leur cauſe que j'embraſſe. C'eſt leur
patrie que je veux ſauver…. Ils me devront
leur pere. Comteſſe infortunée! je vous
rendrai votre époux.

E l i s a b e t h.

Prince, vous allez le perdre! Vous pré-
cipiterez ces innocens dans un nouvel abyme
de malheurs. Vous ne pouvez faire un pas,
dire un ſeul mot, ſans les expoſer à perdre
le fruit de mes tentatives & de mes prieres

auprès du roi. Laiffez-moi feulement effayer de le faire revenir par la voie de la perfuafion; mes inftances, mes larmes toucheront plutôt fon cœur que vos tranfports imprudents.

DOM CARLOS.

Non, non... Je vais en ce moment tout difpofer pour mon départ..... Ah, Princeffe! vous ignorez ce que j'éprouve. Mon cœur déchiré ne fe poffede plus. L'indignation étouffe ma voix. Une trop jufte colere....

ELISABETH, *à la Comteffe.*

Madame, joignez-vous à moi. C'eft l'afpect de votre fituation qui porte fon ame généreufe & fenfible à de pareilles extrêmités. Conjurez-le de revenir à lui. Uniffez-vous à moi pour le prier de ne point anéantir le dernier efpoir qui vous refte.

(*La comteffe d'Egmont environne avec fes enfans Dom Carlos qui veut fe retirer, & lui ferme le paffage.*)

DOM CARLOS.

Que dites-vous?... Que faites-vous?...

LA COMTESSE.

O prince dont l'ame généreufe compatit à nos maux, vous notre confolation, notre efpoir, ne vous expofez point pour nous, & fermez les yeux pour ce moment! Nous voulons tout attendre de la volonté du roi, de fa clémence.

DOM CARLOS.

De sa clémence ! . . . .

LA COMTESSE.

Oui, les prieres de la reine pourront le fléchir ; j'ose l'espérer.

DOM CARLOS.

Infortunée, quelle est votre erreur ! Mais les momens sont précieux. Laissez-moi ; ne me retenez plus.

ELISABETH.

Comment, prince, vous ne reconnoissez plus ma voix ? Rien ne peut vous retenir ? Vous aimez ces pauvres enfans, vous chérissez leur pere. Eh ! c'est sa tête que vous allez risquer.

DOM CARLOS.

Je vole au contraire pour détourner le coup ; craignez de me retenir.

LA COMTESSE.

Vous me faites frémir.

DOM CARLOS.

Apprenez que dans l'instant que Montigny vous a quittée, au moment même où le roi l'appelloit à lui, on l'a arrêté. Il est à cette heure dans les cachots de l'Inquisition.

LA COMTESSE, *se jetant dans les bras de ses enfans.*

Est-il possible ! Grand Dieu ! nous sommes perdus.

DOM CARLOS, *à la Reine qui l'arrête.*

M'arrêterez-vous encore ici ? Je vous dis
que le roi a signé la mort de son époux, que
je viens d'être instruit qu'il a fait partir son
arrêt au moment même où il vous quittoit.

LA COMTESSE.
Mon époux ! .... Je me meurs ! ...

ELISABETH.
Ciel, qu'entends-je ! ....

TOUS LES ENFANS.
Mon pere ! ô mon pere !

DOM CARLOS.
Mes amis ! c'est le mien qui devient son
bourreau. Mais j'espere avoir le tems de
prévenir cette exécution barbare ; comptez
qu'elle ne se fera pas. Non, juste Ciel, je te
prends à témoin. ... elle ne se fera pas ...
Adieu. Je vole à son secours. (*Il sort.*)

SCENE XIX.
ELISABETH, LA COMTESSE, ET SES ENFANS.

ELISABETH.

IL ne m'écoute plus... Je vais trouver le
roi ; j'éprouverai s'il n'est pas entiérement
inflexible. Et vous, madame, songez combien il importe de vous contenir, & de ne
rien laisser échapper. (*La Reine sort.*)

La Comtesse *se retirant, appuyée sur
ses enfans.*

O mes enfans ! fuyons, courons à votre
infortuné pere !.... Hélas ! pourrons-nous
arriver assez tôt pour recevoir son dernier
soupir !

SCENE XX.

PHILIPPE II, ELISABETH.

ELISABETH.

Votre majesté semble étudier tous les
moyens d'éviter ma présence. En vain je vous
fais supplier de m'accorder un moment d'entretien ; vous me réduisez à vous suivre
pour pouvoir l'obtenir.

PHILIPPE II.

Madame, occupé d'affaires multipliées
& pressantes, l'intérêt de l'état exige que j'y
apporte mes soins sans réserve.

ELISABETH.

Ah ! c'est plutôt votre inflexibilité, qui
vous fait redouter jusqu'à mes larmes. Vous
avez prévu de qui j'allois implorer la grace.
C'en en fait ; l'infortuné comte d'Egmont,
le vainqueur de Saint-Quentin, va subir son
arrêt ; & vos ordres sanguinaires sont toujours si promptement suivis, que rien dans
ce moment terrible ne peut le sauver. Hélas !
son épouse désolée, ses malheureux enfans

n'arriveront que pour expirer de douleur fur fon corps mutilé. Et Montigny !.. (*Le Roi paroît ému.*) Mais ce ne font point des reproches fuperflus que je viens vous faire. C'eft votre repos, votre fûreté, qui m'amenent auprès vous. Votre deftinée dépend peut-être de ce que j'ai à vous dire ; & votre intérêt perfonnel me donne un droit puiffant pour vous forcer à m'écouter.

PHILIPPE II, vivement & d'un air inquiet.

Auriez-vous découvert quelque complot ? Parlez, madame ; ne me cachez rien. Mon exiftence eft liée à la vôtre même. Comptez fur une reconnoiffance éternelle.

ELISABERH.

Oui, vous devez redouter qu'on n'attente à vos jours. Tous ceux dont le fang a coulé par vos ordres ne font pas fans vengeurs. Ils ont des freres, des amis, des enfans. Le défefpoir peut les aveugler & les rendre furieux. Je n'ofe plus regarder dans la foule ; je crains d'y rencontrer un orphelin qui me redemande fon pere. La trifteffe & l'inquiétude nous fuivent ; vous ne fauriez en cacher les marques extérieures. Non, vous n'êtes pas en paix avec vous-même. En vain vous affectez de voiler fous un air majeftueux les remords qui déchirent votre cœur. Vous avez beau vouloir les écarter, ils s'y amaffent de plus en plus. Vous n'êtes pas heureux, il s'en faut.

P h i l i p p e   I I.

C'eſt la malignité des hommes qui m'a toujours empêché de l'être. Un eſprit de contradiction s'oppoſe ſans ceſſe à mes volontés, & traverſe mes projets. Je ne vois que des ſujets rebelles qui attentent à borner ma puiſſance, qui murmurent & ſe révoltent au lieu d'obéir.

E l i s a b e t h.

Sire, chaque ſujet auroit-il perdu le droit d'examiner le chef qui lui commande ? En recevant vos ordres, il juge en lui-même s'ils ſont équitables : comment renonceroit-il à ſa penſée ? Le deſir du bien-être eſt en lui comme en vous. L'accord naturel eſt que vous ſoyez heureux tous les deux. Si vous l'êtes à ſes dépens, votre autorité lui devient à charge. Alors il peut murmurer, ſe plaindre, c'eſt-à-dire, vous faire entendre qu'il ſouffre. Que lui importent votre magnificence & vos conquêtes, s'il ſoupire dans l'oppreſſion ? Eſt-il un ſouverain qui oſât dire à ſon peuple : je veux que tu ne travailles que pour moi, que tu ne penſes que comme moi ? Non, le ſpécieux prétexte de l'utilité publique eſt toujours l'argument préliminaire. Si vous vous trouvez contredit, c'eſt que les droits ſacrés de vos peuples ſont léſés ; car ce qui tend au bien public eſt toujours reçu favorablement du ſujet. Il ne murmure point alors, parce qu'il a le fentiment vif de tout ce qui contribue au bien général.

PHILIPPE II.

Vous avez, madame, une maniere de penfer bien peu conforme à votre élévation. Vous ignorez, je le vois, quels font les droits de la fouveraineté, & fur quel fondement on doit la foutenir. C'eft à moi feul qu'il appartient de bien connoître les pénibles fonctions de la royauté.

ELISABETH.

Il me femble qu'il n'eft pas fi difficile de régner en paix. Ne point envier les poffeffions de fes voifins, protéger jufqu'aux derniers de fes fujets, plutót que d'en forcer d'autres à le devenir, c'eft, je crois, affez d'occupations pour un roi qui veut fe faire chérir fur la terre. C'eft pour leur bien, dites-vous, que vous forcez les Flamands à fe foumettre. Quel bien, jufte ciel, que celui qui commence par exterminer cent mille hommes ! Et peut-être un jour quelqu'une de ces malheureufes victimes eût-elle rendu à votre majefté plus de fervices que les exécuteurs qui fe font gloire d'ajouter à vos févérités.

PHILIPPE II.

On voit bien, madame, que vous avez été élevée dans une cour inconféquente & frivole, où, à l'ombre de l'irréligion, fe font gliffées des opinions populaires. De pareils fentimens ne conviennent point à

ceux qui font placés fur un trône. On ne
vient jamais à bout d'un peuple par la douceur : c'eft avec une verge de fer qu'il faut
le conduire ; & celui qui le ménage, devient tôt ou tard victime de fon indulgence.
La race humaine tient toujours de fon origine corrompue. . . Il faut févir fans ceffe,
pour l'empêcher de retourner au penchant
qui l'entraîne à fa perverfité naturelle. Plus
le peuple fent le poids de l'autorité, plus
il eft foumis & tranquille.

E L I S A B E T H.

Voilà les idées que vos inftituteurs vous
ont inculquées dès l'enfance. De fombres
théologiens ont coloré votre efprit de la
teinture du leur. Voilà, Sire, la fource de
vos peines & de vos chagrins ; vous en par-
tagez l'amertume avec ceux qui vous environnent : on ne vous enfeigna qu'à avoir
peur de vos fujets, & non à les connoître.
Vos yeux fafcinés n'ont vu les hommes que
comme des efclaves qui devoient ramper
fous votre joug. Eft-ce donc une gloire de-
firable que de commander à des être timides
& tremblans ? Que vous revient-il à cette
heure de tant de fupplices ? Les impréca-
tions de ceux qui furvivent, une haine qui
ne s'éteindra jamais. Ah ! Sire, rendez-vous...
Songez que la clémence eft préférable à la
rigueur. Il eft un moyen fûr d'effacer ces
taches fanglantes, de recouvrer l'amour de
vos peuples, & de vous affurer dans l'avenir une renommée glorieufe. Puniffez le duc

d'Albe par une difgrace éclatante. Il a outre-
paffé vos ordres, & votre indignation doit
être le prix de fes excès. Gardez-vous de les
approuver. Faites appeller Dom Carlos. D'un
feul mot, vous vous rendrez votre fils. Char-
gez-le d'aller tout pacifier. Mais craignez de
différer; les momens font précieux.

PHILIPPE II.

Je ne m'attendois pas, je l'avoue, madame, à de pareils avis. Voilà donc ces
confeils qui vous fembloient fi preffans ?

ÉLISABETH.

Ils font beaucoup plus importans que vous
ne l'imaginez : c'eft le feul remede aux maux
préfens. Dom Carlos, je le fais, n'a point
votre confiance, vous doutez de fon cœur...

PHILIPPE II.

J'invoque tous les jours le Seigneur, afin
qu'il daigne faire rentrer en lui-même un fils
dont l'opiniâtreté comble ma vie d'amertume.

ÉLISABETH.

Ah ! Sire, vous avez le pouvoir de faire
renaître en lui la tendreffe filiale ; ayez-en
le defir fincere, & vous le verrez bientôt
tel que vous voulez qu'il foit.

PHILIPPE II.

Le Ciel m'eft témoin que je n'ai rien tant
à cœur. Je fais tout pour le rendre auffi
pieux, auffi dévot que je le fuis.

ÉLISABETH.

Abandonnez-lui, Sire, ce qui regarde fa
confcience. Son caractere différent du vôtre

en vaudra-t-il moins pour ne pas affecter publiquement l'extérieur de la piété ? Il faut à Dom Carlos un aliment qui convienne au feu de sa jeunesse, & qui nourrisse son cœur passionné. Je vous le répéte encore, Sire, le duc d'Albe, Ruy-Gomez, Granvelle, Spinola sont des monstres que vous ne devriez pas préférer à votre fils. Ils sont chargés de la malédiction des peuples. Feignez seulement de les disgracier ; je ne demande pour garant de ma sincérité que les transports de la joie publique. Faites appeller vos ministres, & parlez devant eux à Dom Carlos avec des sentimens paternels. A l'instant que vous lui tendrez les bras, étudiez leurs regards : leur air chagrin, leur contenance craintive & tremblante vous dévoileront subitement leur odieuse & perfide inimitié. C'est alors que vous découvrirez la trame abominable des calomnies qu'ils ont forgées contre votre propre sang.

PHILIPPE II.

Modérez-vous, madame, je vous demande un délai pour réfléchir attentivement sur tout ce que vous m'avez exposé.

ELISABETH.

Ah ! Sire, votre froideur, ce calme apparent m'accablent. Je préférerois l'emportement & la colere.

PHILIPPE II.

Moi, je pese tout en silence & avec modération : l'on doit toujours se défier de soi-même. Vous avez besoin, madame, d'instruction plus amples ; faites appeller auprès de vous quelque savant théologien. Ecoutez plus souvent les avis du cardinal Granvelle & de Spinola : vous entendrez. . . .

ELISABETH.

Quelle confiance puis-je avoir dans ceux qui ont osé juger d'anciens prélats, condamner leur doctrine plus humaine que la leur, les faire expirer au milieu des supplices?

PHILIPPE II.

Cette affaire, madame, n'est point de ma compétence ; c'est au saint Office seul qu'il appartient de juger l'hérésie. Quand l'église prononce en fait de dogmes, les rois doivent se taire. Refuseriez-vous de soumettre les foibles lueurs d'une raison trompeuse à ses décrets suprêmes ?

ELISABETH.

Je ne m'écarte point, je crois, des principes de la religion dans laquelle on m'a élevée. Accoutumée dès l'enfance à croire tout ce qu'elle enseigne, je m'attache uniquement aux maximes morales qui me sont propres ; je me nourris de l'esprit de sa loi : mais je la trouve bien éloignée d'ordonner la violence. Des leçons de patience, d'amour & de paix, voilà les seules armes qui la font triompher. Toutes les puissances du monde ne peuvent rien sur le cœur de l'incrédule qui sait feindre, ou sur celui qui brave les tourmens & la mort.

Philippe II.

Qu'entends-je ! Vous, reine d'Espagne &
mon épouse, vous osez ainsi défendre la
cause de ceux que la religion regarde comme
exclus de son sein ! Ah, madame, faut-il,
pour surcroît de chagrin, que j'aie la douleur de vous voir livrée à des sentimens aussi
peu orthodoxes !

Elisabeth.

Quand je parle, Sire, mon ame est sur
mes levres. Mais je m'écarte de ma demande.
C'est pour votre fils que je viens vous supplier ; c'est votre gloire & la sienne que
j'ai à cœur : lui refuserez-vous toujours cette
confiance, cette douce tendresse, qui feroit
son bonheur & le vôtre ?

Philippe II.

On ne gouverne point les royaumes par
les mouvemens de son cœur, mais par les
maximes d'état, & d'après la décision de
ceux qui sont consommés dans les regles
de la politique.

Elisabeth.

Vous voulez donc descendre au tombeau
sans avoir ressenti au fond de votre cœur
la satisfaction que produit la clémence. Ah !
Sire, faites-en l'épreuve une seule fois. Appellez Dom Carlos, commandez-lui de porter vos bienfaits à des peuples accablés sous
le poids de la plus cruelle tyrannie. Faites
changer leurs gémissemens en des cris de
joie & d'alégresse. Apprenez à votre fils

que c'eſt par ces actes de bienfaiſance que vous voulez qu'il commence ſa carriere. Les larmes de la reconnoiſſance dont il arroſera vos mains, vous feront connoître ſi ſon cœur eſt ſenſible & peut avoir droit à vos bontés. Vous partagerez la gloire & l'amour qu'il ira s'acquérir en votre nom.

PHILIPPE II.

Je vous le répete, madame, jamais je ne me laiſſe arracher, par les ſupplications ou les larmes, ce que je ne dois accorder qu'apiès avoir mûrement réfléchi.

ELISABETH.

Vos miniſtres ont l'art de vous décider plus promptement. Ils attendent avec impatience le moment de détruire la foible impreſſion qu'auroit pu faire ſur vous ce que je viens de vous dire.

PHILIPPE II.

On doit garder un ſilence reſpectueux envers ceux qui ſont attachés à ma perſonne & qui s'empreſſent d'augmenter ma puiſſance. Ils ne doivent rendre compte qu'à moi, comme je n'en dois qu'à Dieu ſeul... Mais, madame, en ce moment...

ELISABETH.

Je vous entends... Il faut que je vous quitte ſans avoir rien obtenu. J'obéis, Sire, quoique remplie d'inquiétude.

PHILIPPE II.

Vous devez prendre plus de confiance

en ma juftice , madame... Soyez tranquille ; repofez-vous entiérement fur ma fageffe.

E L I S A B E T H.

Après tout ce que je viens d'expofer à votre majefté , fi elle n'apporte un prompt remede à tant de maux, ce n'eft plus fes miniftres , mais elle feule , qu'il faudra accufer.

PHILIPPE II , *la reconduifant d'un air hypocrite.*

Qui prend les intérêts du Ciel , eft toujours fûr de réuffir. Comme c'eft la religion qui me guide & que je défends , Dieu me protégera ; il eft au-deffus de tout. (*Elifabeth revient pour parler encore à Philippe ; mais faifie d'effroi à fon regard , elle recule interdite & tremblante.*) Que voulez - vous encore ?

E L I S A B E T H, *avec douleur.*

Ce que je veux !.. Vous me faites frémir !

P H I L I P P E I I.

Mais d'où vient cet effroi ? Qu'avez-vous ?

ELISABETH , *fortant avec la démonftration du plus grand défefpoir.*

Ce que j'ai !... La mort dans le cœur.

SCENE XXI.
PHILIPPE II, *feul.*

DES larmes! & qu'elle s'efforçoit de ne pas répandre!... J'ai pénétré son cœur. Il est toujours à Dom Carlos, & sa haine est pour moi. Parmi ce sexe, je n'ai pas encore trouvé un seul objet qui m'aimât pour moi-même. Les unes ont dissimulé par devoir, les autres par intérêt. Toutes m'ont paru fausses, & j'ai toujours fini par les détester.

(*Philippe va s'asseoir. Les portes s'ouvrent.*)

SCENE XXII.
PHILIPPE II, GRANVELLE.
PHILIPPE II.

CARDINAL, vous avez reçu des nouvelles de France. Comment vont les troubles dans ma bonne ville de Paris?

GRANVELLE.

Sire, tout se prépare sourdement pour le massacre général des hérétiques qui sont dans ce royaume. Ils ont posé les armes, & sont entièrement séduits par les conditions avantageuses de la paix que Charles IX vient de leur jurer. Ce jeune roi de France

France fait déjà diffimuler à merveille. Son peuple s'imagine qu'il va vous faire la guerre & fecourir le prince d'Orange.

Philippe II.

Il faut que le cabinet de France ne perde pas de tems pour mettre à profit cette erreur, femée fort à propos & felon nos conventions. Charles IX peut envoyer quelques corps de fes meilleures troupes proteftantes, comme pour fe joindre à celles du prince d'Orange ; & faifant prévenir le duc d'Albe du chemin par où elles doivent paffer, on dreffera des embufcades de maniere qu'elles feront immanquablement taillées en pieces fans qu'il paroiffe y avoir de fa faute.

Granvelle.

Oh, miraculeufement trouvé! Je vais faire parvenir fur-le-champ ces importantes inftructions. A votre majefté en appartient tout l'honneur ; c'eft vous, Sire, qui m'avez encore donné l'idée du fameux plan d'exterminer d'un feul coup tous les hérétiques des deux royaumes. Je n'ai foit que l'arranger avec le cardinal de Lorraine au traité de S. Quentin, & nous avons fuivi vos lumieres à l'entrevue de la reine-mere & du duc d'Albe à Bayonne. Nous touchons au moment fortuné où l'églife romaine & votre majefté n'auront plus d'ennemis. Ce coup eft d'autant mieux imaginé, qu'il affoiblit la France, en la plongeant dans l'horreur d'une guerre civile, & la rend à jamais l'ennemie irréconciliable de l'Angleterre & des autres puissances du Nord qui pourroient lui devenir alliées. Voilà ce qu'on peut appeller un chef - d'œuvre de politique.

PHILIPPE II.

Cardinal, ce massacre de Paris fera tirer le canon à Rome, n'est-ce pas ? Pour moi je récompenserai magnifiquement le courier qui m'en apportera la premiere nouvelle. Mais, dites-moi, les agens contre Elisabeth d'Angleterre sont-ils prêts ?

GRANVELLE.

Oui, Sire ; ils se disposent pour agir promptement, & sont bien déterminés. Le prêtre Nelson & un médecin nommé Lopès se sont joints à Story & à Ridolphy. Ils esperent avant peu fomenter & susciter une révolte dans Londres, sous prétexte de religion, & se défaire de la reine, s'il est possible.

PHILIPPE II.

Prévenez mon ambassadeur, qu'aussi-tôt que l'un d'eux aura réussi, il vienne recevoir sa récompense. Mais quel est celui qui se présente ?

GRANVELLE.

C'est un jeune homme qu'on a disposé contre le prince d'Orange.

PHILIPPE II.

Dites-moi son nom, son état.

GRANVELLE.

Il s'appelle Sauregui; il a été élevé dans un couvent.

PHILIPPE II.

De quel pays?

GRANVELLE.

Originaire de Biscaïe.

PHILIPPE II.

Son caractere?

GRANVELLE.

Mélancolique.

PHILIPPE II.

Ah, bon!

GRANVELLE.

Il est zélé pour la religion jusqu'au fanatisme. Le jacobin qui le conduit en a fait la découverte dans la confession. Il fera tout ; mais il a besoin d'être entiérement déterminé. Un seul mot de votre majesté le décidera.

PHILIPPE II.

Qu'il avance.

SCENE XXIII.

PHILIPPE II, GRANVELLE, TIMER-
MAN, SAUREGUI.

PHILIPPE II.

ETES-VOUS l'homme inspiré par
la grace ? Seriez-vous assez heureusement
prédestiné pour vous élever au rang des
défenseurs de la religion, & mériter d'être
un jour parmi les saints martyrs dont elle
célebre la fête ?

SAUREGUI.

Sire, je sais que je périrai. La seule chose
que je demande, c'est que vous fassiez prier
Dieu pour le repos de mon ame.

TIMERMAN.

Vous êtes assuré du bonheur éternel, si
vous parvenez à ôter la vie au prince
d'Orange.

SAUREGUI.

Eh bien, je vous supplie de secourir
mon pauvre pere dans sa vieillesse.

PHILIPPE II, *avançant quelques pas &*
lui donnant sa main à baiser.

Je vous le promets, soyez tranquille,
Allez ensemble.

SCENE XXIV.

PHILIPPE II *seul, feuilletant des papiers.*

PRINCE audacieux ! tu penses échapper à ma vengeance, & te soutenir par les armes. Tu as rejeté mes offres & préféré de prendre les intérêts d'un peuple vil. Une mort prématurée sera l'unique salaire de ton patriotisme insensé.

SCENE XXV.

PHILIPPE II, LE P. GORY.

LE P. GORY.

SIRE, voici les missionnaires que vous avez demandés pour envoyer au Nouveau-Monde.

PHILIPPE II.

Sont-ils bien choisis & suffisamment examinés ?

LE P. GORY.

Vos ordres ont été ponctuellement suivis ; le P. Montalte, qui les accompagne avec moi devant votre majesté, les a exercés lui-même. C'est l'élite des différens couvens du royaume, tous grands théologiens.

SCENE XXVI.

PHILIPPE II, GRANVELLE, LE P.
GORY, MONTALTE, *à la tête de
soixante & douze Missionnaires ; savoir :*

 30 Cordeliers.
  6 Bénédictins.
  3 Augustins.
  3 Carmes.
  5 Prêtres séculiers.
 Autres Moines.

LE P. GORY.

Sire, voici les soixante & douze missionnaires. Les cordeliers en ont fourni trente...
Passez. (*Ils passent en s'inclinant.*) Les
bénédictins, six... Passez. Les augustins,
trois.... Passez.

UN VIEUX AUGUSTIN, *en passant,
s'incline & se jette aux genoux du Roi.*

Sire, je supplie votre majesté de me faire
dispenser de cette mission, qui est au-dessus
des forces de mon âge & de mes infirmités.
J'espere de votre bonté miséricordieuse cette
grace que je n'ai pu obtenir de mes supérieurs.

LE P. GORY.

Sire, on ne peut se passer de ses services.
Il a déja fait ce voyage, & connoît mieux
que personne ces pays, où il a resté long-

tems. Les Indiens le connoiffent auffi, &
il parle très-bien leur langue. L'intérêt de
la religion exige qu'il retourne vers eux ;
& fes infirmités ne font qu'un prétexte.

P H I L I P P E II.

Quoi, mon pere, vous vous refufez à
promulguer l'évangile ? Une miffion fi glorieufe ne vous infpireroit que de la tiédeur ?
La converfion des Indiens vous feroit-elle
donc indifférente ?

L' A U G U S T I N.

Hélas ! Sire, j'ai vu maffacrer des peu-
plades entieres de ces hommes nouveaux
pour nous, & bien peu fe font convertis.
Nous leur infpirons de l'horreur, au lieu
de les convaincre ; & la barbarie avec laquelle les Efpagnols les ont traités, me fait
douter qu'on puiffe jamais leur faire embraffer notre religion. Ils ne nous voient que
comme des raviffeurs, altérés d'or & de
fang, qui cherchent à les tromper & à les
affervir.

L E P. G O R Y.

Pouvez-vous avoir la moindre pitié pour
des hommes de cette efpece, dont vous
avez vu de fi près les imperfections & la
férocité ? La vengeance qu'ils ofent fe per-
mettre envers les Efpagnols devroit étouffer
toute efpece de pitié.

L' A U G U S T I N.

Comment ramener des peuples qui nous

ont en exécration , chez qui l'on a porté
la deftruction & le ravage ? Sire , j'ai examiné de près ces infortunés qu'on vous peint
comme cruels & barbares ; j'ai obfervé
avec impartialité leurs mœurs : j'ai été furpris de trouver dans les Péruviens une fage
morale , à peu près femblable à celle que
je venois leur enfeigner. Ils croient à l'im-
mortalité de l'ame , aux récompenfes des
juftes , & à un féjour de peines & de tourmens pour les méchans. Il leur eft ordonné
de s'entr'aimer ; la concorde , l'amour de la
patrie font chez eux les vertus les plus ho-
norées. Les loix auxquelles ils font attachés leur ont été tranfmifes par une race de
légiflateurs qui depuis plus de quatre mille
ans veilloit à les rendre heureux. N'eft-ce
pas aller contre l'évangile même , de les
maffacrer parce qu'ils ne veulent pas embraffer notre culte ?... C'eft en vain qu'on
veut vous faire reconnoître pour leur roi :
ils font autant attachés à l'Inças leur empereur , que vos fujets le font à votre majefté... Pardonnez, Sire : je parle d'après
ma confcience ; elle me fait fans ceffe le
reproche amer d'avoir été le complice de tant
de fang innocent répandu par les Efpagnols ,
dans lefquels je n'ai vu qu'une baffe cupi-
dité , au lieu de l'amour du prochain. Saint
Athanafe , dans fa lettre aux folitaires , fe
plaignant des perfécutions des Ariens contre les catholiques , dit : " Le diable , parce
» qu'il n'a pas la vérité de fon côté , ufe

» de violence & se fait recevoir par force.
» Jesus-Christ, au contraire, n'use que de
» douceur : Si quelqu'un, dit-il, veut être
» mon disciple, qu'il me suive. Il ne brise
» point les portes de ceux chez qui il veut
» être reçu, mais il heurte doucement : Ou-
» vrez-moi, dit-il, ma sœur, mon épouse.
» Si on lui ouvre, il entre ; si on ne lui
» ouvre pas, il se retire. » Hélas ! Sire,
j'ai été forcé d'agir contre ce principe. Le
remords est dans mon cœur. La lecture,
les réflexions & sur - tout les années, en
me donnant plus d'expérience, m'ont éclairé.
Je n'ai plus que quelques jours à vivre ; je
demande à les passer dans le recueillement
& la pénitence. Ce n'est point du salut de
ceux qui sont à trois mille lieues de moi
que l'Eternel me demandera compte, mais
de moi-même ; & la caducité m'avertit que
ma derniere heure est proche.

PHILIPPE II.

Votre esprit bat la campagne : ne vous
êtes - vous pas engagé dans votre ordre
comme soldat de la religion ? Il faut donc
marcher lorsqu'elle vous appelle. Vous vous
écartez, sans vous en appercevoir, des vrais
principes de la sainte théologie. C'est à vous
d'étudier de nouveau, & de rentrer *in via
Domini*. Songez qu'on me rendra compte
de votre retour à la soumission que vous
me devez, ainsi qu'à notre sainte mere église.

(*L'Augustin se retire d'un air de tristesse.*)

LE P. GORY *faifant paffer le refte des miffionnaires.*

Les carmes au nombre des trois... Paffez. Les prêtres féculiers au nombre de fix...... Paffez. [*Autres prêtres.*] Sire , voilà les foixante & douze.... Paffez.

PHILIPPE II.

J'ai voulu ce nombre en mémoire des foixante & douze difciples du Sauveur du monde. (*aux Religieux.*) Mais voyez l'avantage que vous avez fur les premiers apôtres. Ils alloient prêcher feuls, manquant de tout, perfécutés, & finiffoient par être martyrs. Vous autres, ne marchez qu'avec des armées qui vous aident à triompher. N'oubliez point qu'en étendant l'empire de la foi, Rome eft obligée en même temps d'augmenter le nombre des évêques; & chaque royaume que vous aidez à me foumettre , demande une nouvelle promotion de cardinaux. Ainfi n'épargnez rien. J'ai envoyé des ordres précis pour accélérer mes conquêtes & la réduction de tous ces peuples. Allez ; vous recevrez , en débarquant dans ces fles, de nouvelles inftructions. Je m'attends que vous feconderez de tout votre zele les efforts de mes troupes.

(*Les Miffionnaires, Granvelle & le P. Gory fe retirent.*)

SCENE XXVII.

PHILIPPE II, MONTALTE *reste auprès du Roi d'un air soumis.*

PHILIPPE II, *tirant un papier de son porte-feuille.*

J'AI examiné votre modele d'excommunication. Le style m'en plait assez ; mais je voudrois que vous missiez toute votre énergie à rendre cette bulle encore plus aggravante. Songez qu'il est nécessaire qu'elle fasse paroître Elisabeth d'Angleterre criminelle & méprisable aux yeux de toute la chrétienté. Vous y parviendrez facilement, en retouchant plusieurs endroits où j'ai fait des remarques. Du reste, je suis très-satisfait, & je vous prend sous ma protection.

MONTALTE *se jetant à genoux.*

Sire, j'espere en cette puissante protection à laquelle rien ne résiste. Je demande à votre majesté, pour grace spéciale, qu'elle daigne se ressouvenir de moi en quelque circonstance que je puisse me trouver.

PHILIPPE II.

Oui, je vous le promets. . . . Vous allez partir pour Rome ; j'écrirai en votre faveur au S. Pere au sujet de cette bulle. De votre côté, cherchez les occasions de me prouver votre attachement.

MONTALTE.

Je n'oublierai de ma vie les marques éclatantes de la bonté de votre majesté.

PHILIPPE II, *le regardant fixement.*

Le P. Montalte a du génie. S'il veut me
servir, il fera son chemin. C'est lui en
dire assez, je pense.

MONTALTE, *vivement.*

Votre majesté peut compter sur moi ; je
me livre entièrement & exclusivement à
vous seul jusqu'à mon dernier soupir. J'en
atteste...

PHILIPPE II,

Doucement, relevez-vous. Mon ambassadeur à Rome saura vous faire connoître
en tout tems mes intentions. Mais sur-tout
observez-vous, si vous voulez m'être utile
& parvenir. Vous avez l'air un peu trop
vif, trop ouvert. Il faut vous composer un
extérieur austere, humilié, entiérement détaché des affaires de ce monde. Alors je
pourrai faire quelque chose de vous. Allez,
nous verrons votre conduite.

MONTALTE, *d'un air hypocrite.*

Sire, puissé-je un jour me trouver dans
un état qui me donne le pouvoir de satisfaire avec passion l'ardent desir que j'ai de
servir votre majesté !   (*Il sort.*)

SCENE XXVIII.

PHILIPPE II, *feul.* (*Il vifite des papiers ; & fe met à écrire.*)

EN voilà un dont l'ambition eft bien conditionnée. Il me faut des perfonnages de ce caractere-là ; ils font propres à tout. (*Il écrit.*) Avec quatre doigts de papier je me fais obéir d'un bout du monde à l'autre : c'eft affez commode.

SCENE XXIX.

PHILIPPE II, RUY-GOMEZ.

RUY-GOMEZ.

SIRE, j'ai tout découvert. Dom Carlos a projeté de partir fecrétement pour les Pays-Bas. Il a fait venir une fomme d'argent de Séville, & peut-être dès cette nuit même voudra-t-il tenter de s'échapper.

PHILITPE II.

Etes-vous bien affuré de votre monde ?

RUY-GOMEZ.

Comme de moi-même. Il ne peut abfolument rien faire qu'on ne le prévienne, & je réponds fur ma tête de fes moindres démarches. Tous ceux à qui il s'est confié me sont vendus.

PHILIPPE II.

Et l'on prend garde sur-tout qu'il ne s'apperçoive qu'on veille sur lui ?

RUY-GOMEZ.

C'est là où j'ai mis ma plus grande attention. Mais il me paroît résolu à se défendre si l'on vouloit l'arrêter.

PHILIPPE II.

L'insensé ! il ne voit pas les forces qui l'environnent ; mais il ne faudra qu'un mot pour le désarmer. Je ne veux cependant pas attendre plus long-tems. C'est une inquiétude dont je dois me délivrer. Faites tout disposer afin que je puisse moi-même cette nuit m'assurer sans danger de sa personne. Vous posterez autant de monde qu'il en faudra pour le surprendre s'il vouloit s'échapper avant ce tems.

RUY-GOMEZ.

C'est le parti le plus sûr, car on ne sait ce qui pourroit arriver avec un personnage si violent.

PHILIPPE II.

Je saurai me rendre enfin tranquille à son égard. Je vois maintenant la cause des démarches de la reine. Vous n'êtes pas de ses amis, je crois ?

RUY-GOMEY.

Sire, vous n'ignorez pas que je suis l'antagoniste de toutes vos épouses,

Philippe II.

Je ne doute plus qu'elle ne soit instruite des plus intimes secrets de Dom Carlos.

Ruy-Gomez.

Il ne faut que l'observer pour voir combien elle partage ses moindres peines. Tout se lit facilement dans ses regards ; son agitation la trahit à chaqu'instant.

Philippe II.

Je me plaisois tout-à-l'heure à voir quelles peines elle se donnoit pour me faire approuver des conseils absolument opposés à mes vues. J'aime assez m'amuser de tous les propos qu'une femme peut tenir. Il faut être Françoise pour oser dire tout ce qu'elle m'a dit. C'est la protectrice déclarée de tous ceux que je déteste. Les Flamands ne seroient pas trop éloignés d'avoir à leur tête mon propre fils, & à me l'opposer.

Ruy-Gomez.

Et puis la reine, qui les seconderoit dans le sein de votre cour. Mais heureusement vous êtes plus habile, & vous préviendrez facilement de tels désordres.

Philippe II.

Ruy-Gomez, nous y apporterons les remedes nécessaires. Mais ne perdons jamais de vue nos principes. Voyez comme le sort me promene d'événemens en événemens. Vous souvenez-vous des premières intrigues de ma jeunesse. J'avois déjà dans ce tems-là trois femmes à la fois. Marié fecrétement, je ne laiffai pas que d'époufer la princeffe de Portugal. J'avois en outre la belle Euphrafie. Nous avons mené tout cela avec habileté. Je dois à votre génie de m'en avoir enfuite débarraffé, en fauvant jufqu'aux moindres apparences.

Ruy-Gomez.

Ces circonftances me font toujours cheres. Elles me rappellent l'ineftimable faveur dont vous m'avez honoré depuis; c'eft l'époque de mon élévation.

Philippe II.

Redoublez vos foins en ce moment critique: je ne voudrois pas pour tout au monde voir altérer cette fainte réputation dont je jouis. A la mort même, je ne veux pas en avoir le démenti.

Ruy-Gomez.

Avec un caractere & un génie comme le vôtre, on peut en impofer à toute la terre.

Philippe II.

C'eft à moi feul que je veux que l'églife romaine doive fa durée. J'ai des raifons pour ne pas fouffrir qu'on ofe y rien changer; je dominerai par elle.

Ruy-Gomez.

Ah, Sire, fi vous étiez fecondé par une autre reine! (*Silence de Philippe II.*) Examinez attentivement la nature de fon défefpoir

poir dès qu'elle apprendra que Dom Carlos
eft arrêté. (*Nouveau filence.*) Vous ne pouvez
agir envers elle qu'avec les plus grands
ménagemens. C'eft bien différent de Dom
Carlos. Nous l'avons fait paffer pour un
infenfé, pour un prince fougueux & fans
religion. Elle, au contraire, eft généralement aimée, tient à une cour puiffante :
d'ailleurs, la reine fa mere eft clair-voyante
& dangereufe.

P h i l i p p e II.

Je ne la crains guere. Je connois fon
ambition : peu lui importe, pourvu qu'elle
regne.... (*à part.*) J'ai mes projets : le
S. Pere, dont je foutiens fi bien la caufe,
fera retentir en ma faveur fon tonnerre fpi-
rituel. L'Amérique & l'Afie me prodiguent
de quoi faire trembler mes voifins, & je
médite de faire de la France une de mes
provinces. Je me contenterai d'abord du
nom de *protecteur*, avec le pouvoir de con-
férer toutes les charges ; cela effarouche
moins. J'ai d'habiles généraux ; mais la
religion eft encore la plus forte des armes...
Terminons, avant tout, ce démêlé domefti-
que ; nous reviendrons enfuite aux affaires
de l'Europe. Si j'ai effuyé un échec du côté
de l'Angleterre, je faurai réparer cette perte
fans fortir de mon cabinet. Vu l'immenfité
de mes pays & de mes tréfors, je fuis dif-
penfé d'armer mon bras, & je n'ai befoin
que de ma tête. Tandis qu'on fe bat pour

moi , mes vœux & mes prieres ferventes déterminent la victoire. J'ai fait bâtir l'Escurial pour la bataille de Saint-Quentin. Donnons tout au cabinet & à la diffimulation : les foldats ne font que des fimulacres ; la force réelle eft dans le jeu adroit & varié d'une politique impénétrable. Entretenons le trouble chez nos voifins, & maintenons l'Efpagne en paix. Nous gouvernerons le S. Siege en lui prodiguant les plus grands refpects ; & fans jamais être à la tête d'aucune armée, nous faurons démembrer les états qui nous avoifinent. Les hommes font guidés par la foif de l'or : j'ai de l'or. Je fomenterai des intrigues en Angleterre, en France, en Italie. Mon peuple a déjà une fupériorité marquée fur les autres nations, & ce peuple m'obéit. Que ne dois-je pas attendre de l'afcendant de mes tréfors, de ma politique & de la force religieufe dont j'hérite en flattant la cour de Rome ! L'autorité n'eft qu'un affemblage de petites forces particulieres réunies en un feul point. Oh ! fi avec ce levier je pouvois ébranler cette fuperbe France, quelle joie, quel triomphe ! Mais les défaites de Créci, de Poitiers, d'Azincourt de Saint-Quentin n'ont pu encore l'humilier comme je le voudrois.... (*à Spinola qui entre.*) Grand inquifiteur, je vous ai mandé. Faites affembler mon confeil de confcience. Que les membres du S. Office, ainfi que tous ceux qui lui font attachés, fe tiennent prêts dès cette nuit. Qu'on redouble de vigilance. C'est la cause de l'église que je veux défendre : il n'y a pas un prêtre dans mon royaume, qui ne doive en ce jour unir ses prieres aux miennes.

SPINOLA.

Je vais faire ordonner dans toutes les églises l'exposition des saintes reliques.

SCENE XXX.

Le théatre représente la chambre à coucher de Dom Carlos. On voit dans le fond un lit, & sur le côté une grande cheminée dans laquelle est un brasier.

DOM CARLOS.
(*Il entre dans la chambre, tenant un papier qu'il ouvre. Il lit.*)

« IL est des conseils qui ne se donnent » point... On ne sort des affaires désespé- » rées que par des résolutions extraordinai- » res... Ceux en qui le Ciel a mis des qua- » lités qui doivent un jour assurer la félicité » des peuples qui leur seront soumis, ont » de grandes obligations à remplir...... La » patience qui abandonne les jours de » l'homme de bien à la violence de ses en- » nemis, est quelquefois une vertu, plus » souvent une foiblesse impardonnable...... » On ne doit point conserver d'humanité » envers ceux qui l'outragent. » Cet écris

anonyme, jeté à mes pieds, eſt ſans doute
la voix du peuple. Ses plaintes étouffées
cherchent le moyen de pénétrer juſqu'à
moi. Ne ſerois-je donc né ſi près du trône
que pour être le témoin de tant de maſſa-
cres ? Les Flamands me pardonneroient-ils
jamais d'être reſté ſourd à leurs cris ? Quoi,
tandis que le cruel duc d'Albe ſe baigne
dans leur ſang, moi je ne pourrois aller les
défendre ! Ne me ſeroit-il pas permis,
grand Dieu ! d'oppoſer mon bras à celui
d'un forcené ?... Oui, oui, je m'oppoſerai
à mon pere même, puiſqu'il ſe dégrade &
me flétrit. Je ne veux point d'un héritage
infâme. Périſſe plutôt juſqu'au ſouvenir de
ſon regne & de mon exiſtence ! On ne me
reprochera pas au moins une coupable in-
différence ; on ne m'accuſera point d'avoir
vu tranquillement d'auſſi grands forfaits,
pour en recueillir les déteſtables fruits.
Allons, voici bientôt l'inſtant où je vais
quitter ces triſtes lieux, témoins de
mes perplexités. Je vais reſpirer un air
libre & pur ; je vais naître à la gloire & à
la vertu. A la vertu !... Ciel ! & c'eſt contre
mon propre pere je vais porter les armes !
Philippe, Philippe, quel triſte bonheur eſt
ton partage ! Le feu de la révolte embraſe
à la fois deux parties de tes états.... Moi-
même, moi, ton fils, dans une heure,
fugitif, armé contre toi !.... Ah, ſi ſon
cœur !.... Oui, un ſeul mot ſuffit encore
pour me rendre à lui.

S C E N E XXXI.

DOM CARLOS , OSORIO , *homme*
affidé à Dom Carlos.

O S O R I O.

PRINCE , le marquis de la Pofa demande
à vous parler dans le moment même. Il vous
conjure de ne point lui refufer cette grace.

D O M C A R L O S.

Je ne puis me défendre de le revoir encore. Qu'il entre. (*Seul.*) De tous les cour-
tifans qui compofent cette cour odieufe ,
il eft le feul dont je ne me fois jamais dé-
fié. Son cœur noble & fenfible m'a toujours
prouvé fon zele. Il s'eft trop fouvent expofé
pour moi.

S C E N E XXXII.

DOM CARLOS , LE MARQUIS DE
LA POSA.

D O M C A R L O S.

AMI , que venez-vous me demander à
cette heure ?

D E L A P O S A.

Je cherche depuis long-tems à vous approcher fans être apperçu. Prince , vous êtes

gardé à vue. (*Plus bas.*) La reine m'a confié cette lettre. La voici.

DOM CARLOS, *la prenant avec transport.*

La reine !

DE LA POSA.

Chargé d'un dépôt si sacré, j'ai tremblé d'être surpris avant de vous le remettre. Je me suis vu observé de bien près. Vous savez comme je pense ; ma vie est à vous.

DOM CARLOS,

Puissé je un jour reconnoître vos services comme je le desire ! Un homme comme vous m'est trop précieux pour l'exposer. Je veux vous retrouver dans un tems plus favorable. Pour ce moment, il faut m'oublier. Ecartez-vous promptement ; gardez vous de donner la moindre atteinte aux soupçons. Adieu, brave & généreux marquis, adieu.

DE LA POSA.

Prince, je respecte vos secrets. Mais quoi, vous hésitez d'employer le marquis de la Posa dans des momens dangereux ! Ah ! parlez : est-il quelque péril capable de m'effrayer ? Il est encore de bons Castillans qui frémissent en secret, & ne se courbent point sous le joug odieux de ces prêtres qui regnent à la place de votre pere. Ils voient en vous l'espoir de la nation. Oui, l'Espagne vous devra un jour sa gloire & son bonheur.

DOM CARLOS.

Modérez vous pour l'amour de moi, ô

mon ami ! conſervez-vous. Encore une fois, laiſſez-moi.

D E   L A   P O S A , *d'un air pénétré.*

Prince, vous refuſez mes ſervices !

D O M   C A R L O S , *l'embraſſant.*

Je fais ce que je dois ; faites ce que je veux. Obéiſſez.

SCENE XXXIII.
DOM CARLOS, *ſeul.*

Au moins, ſi je péris, je n'aurai pas la douleur d'entraîner avec moi ceux que j'eſtime le plus. Je ne puis me réſoudre à les expoſer à l'implacable fureur du roi. (*Il décachete la lettre.*) Que cet écrit me cauſe de trouble ! Je faiſois tous mes efforts pour éloigner de mon idée cet objet chéri. Je crains de lire, je tremble. (*Il lit.*) " Auriez-
" vous réſolu de mettre le comble à nos
" maux ? Eſt-ce Dom Carlos qui doit ache-
" ver de me déchirer le cœur ? Non, vous
" ne pourſuivrez point ce projet inſenſé ; je
" vous connois ; il vous cauſeroit trop de
" remords. Vous n'êtes point fait pour être
" un traître, un parricide. Votre ame, brû-
" lant du plus amour, ne ſe laiſſera point
" emporter à des extrêmités cruelles. Je ré-
" clame tous les droits que ma tendreſſe op-
" primée peut avoir ſur vous. Si vous n'y
" renoncez, je meurs en déteſtant le jour où

» je commençai à vous aimer fur l'efpoir
» de vos vertus. C'eft à vous de choifir,
» ou d'être encore pour moi un objet chéri,
» ou de vous rendre un objet de haine &
» de mépris. De haine ! Que dis-je ! Dom
» Carlos, différez d'un feul jour. Faites ce
» facrifice pour celle qui vous aime fans
» efpoir. Venez demain vous rendre à ma
» voix ; venez ; vous connoîtrez fi je mérite
» que vous cédiez à mes pleurs. » (*Aprés
un moment de trouble & d'agitation*).
Quels combats ! En proie à l'irréfolution...
D'un côté, le bonheur de tout un pays ; de
l'autre, la voix d'Elifabeth.... Dieu ! quelle
perplexité !

SCENE XXXIV.
DOM CARLOS, OSORIO.

OSORIO.

PRINCE, voici l'heure favorable. On vous
attend à l'endroit défigné.

DOM CARLOS, *d'un air embarraffé.*

O Ciel, que dois-je faire !

OSORIO.

Ne différez point ; la nuit va nous couvrir
de fon voile. Elle eft précieufe pour favori-
fer les premiers pas de votre éloignement.

DOM CARLOS, *à part.*

Elle l'emporte. (*Haut.*) Faites tout différer ;
demain nous verrons.

OSORIO.

Prince, je frémis de ce retard. Demain,
hélas ! peut-être ne sera-t-il plus tems. Vous
pouvez encore....

DOM CARLOS.

C'en est fait ; j'ai pris mon parti. Suivons
notre destinée, quelle qu'elle puisse être.
Veillez seulement que rien ne transpire.
Retirez-vous ; j'ai besoin de repos.

SCENE XXXV.

DOM CARLOS, *seul.*

JE suis accablé. Oui, je la reverrai, je lui
parlerai ; j'obtiendrai qu'elle consente à mes
justes desseins. Il semble qu'elle soit pour
moi un maître aux ordres duquel je ne puis
désobéir. O femme adorable, toi que m'a
ravi mon pere ! Sans lui, je serois à cette
heure dans tes bras. Avec toi les momens
de ma vie n'auroient plus d'amertume ; tu
partagerois mes douleurs. Mais, que suis-je !
Que deviens-je ! Isolé, jouet de l'amour, en
proie à la haine... Est-il un supplice au-dessus
de celui d'aimer & d'être aimé, sans espoir
d'être uni à l'objet de ses feux ! Je l'entends,
je la vois, je tombe à ses genoux. Vaine
chimere ! Ah, combien d'heures affreuses,
ai-je déjà passées sur ce lit, sans pouvoir
m'assoupir ! Quelle différence de ce tems à
celui où j'espérois la posséder, où chaque

jour mon ame à mon réveil étoit enivrée
d'une volupté pure ! je commençois d'exiſter.
Tout s'eſt anéanti. O courage, ô vertu ſi
néceſſaire dans l'adverſité, venez vous em-
parer de mon ame. Dieu , qui m'avez créé,
daignez me ſoutenir & ranimer mes forces
abattues ! Sans votre ſecours je ne puis ſupporter la vie.

SCENE XXXVI.

*(Dom Carlos poſe ſes piſtolets & ſon épée ſur
une table, & ſe jette ſur ſon lit.)*
*On voit la porte de l'appartement de Dom
Carlos s'ouvrir à petit bruit. Le comte de
Lerme s'avance le premier, & va ſaiſir les
armes du Prince. Il eſt ſuivi de deux autres
officiers armés. Ruy Gomez s'avance en-
ſuite ; puis le Roi, précédé du duc de
Feria, du grand commandeur, de Dom
Diegue de Cordoue, tous l'épée à la main ;
Ils entourent le lit du Prince, le retiennent
& gardent tous le ſilence.*

PHILIPPE II, DOM CARLOS.

DOM CARLOS *ſe retourne, & ſe voyant*
environné, s'écrie :

QUE vois je ! Malheureux ! Je ſuis mort !

PHILIPPE II.

Ce qu'on vient de faire eſt pour votre
bien. Je veux vous punir en père.
*(Pendant ce tems on enleve de l'appartement
de Dom Carlos, le lit, un coffre & d'autres
effets.)*

Dom Carlos.

Non, je hais votre clémence. Vous avez
juré ma perte ; vous l'accompliſſez. Pere
ſans entrailles, roi inexorable, où ſont vos
bourreaux ? Ah, laiſſez, laiſſez ! Je vais
ſans leur ſecours me brûler ſous vos regards.
(Il fait un effort ſi violent, qu'il s'échappe
& va ſe précipiter dans le braſier. On par-
vient avec beaucoup de peine à l'en arracher.)

Philippe II.

Contenez-le dans ſes tranſports ; ce moment de fievre paſſera.

Dom Carlos, *ſe débattant.*

Tuez moi, tuez-moi. Ah ! je ſuccombe
à leur nombre. O tourment, je ne pourrai
donc mourir qu'à ſa volonté !

Philippe II.

La réſignation eſt tout ce qui vous reſte.
Il n'eſt plus tems de vouloir braver ma
puiſſance. Voyez le déplorable état où vous
êtes. Occupez-vous plutôt de la grandeur
de vos crimes.

Dom Carlos, *avec fureur & déſeſpoir.*

Mes crimes ! Le premier eſt d'être votre
fils. Vous ne m'avez donné le jour que pour
faire mon tourment. Ne pouvant me rendre
votre eſclave, il faut que je ſois votre victime. Ne me faites plus languir, délivrez-
moi de la vie. Mon plus grand ſupplice eſt
de la tenir de vous. Agiſſez-vous en pere,
en me faiſant ainſi arrêter par des ſcélérats

armés ? Ah ! celui qui fait l'être n'a befoin
que d'un feul regard pour ramener un fils
lorfqu'il s'eft égaré. (*Aux affiftans.*) Vous,
barbares ! vous n'avez cherché que les moyens
d'affurer ma perte ; & je vois bien que vous
ne demandez pas que je me juftifie devant
vous.

PHILIPPE II.

Mon cœur paternel oublie les outrages
que vous lui faites en cet inftant. Si l'intérêt
de Dieu, l'amour de mon peuple, ma
confcience ne m'avoient pas commandé un
acte de rigueur auffi néceffaire, croyez,
mon fils, que je vous aurois fauvé même
au péril de ma vie. Je ne prononcerai aucun jugement fur vous ; c'eft au faint Tribunal que vous devez répondre ; la puiffance
temporelle des princes & des rois doit
s'abaiffer devant fon arrêt fuprême.

DOM CARLOS.

Qu'entends-je ! quelle trame perfide !

SCENE XXXVII.

LES ACTEURS PRÉCÉDENS,
ELISABETH, *ayant forcé les gardes
& les feigneurs qui s'oppofoient à fon paffage, s'élance en défordre entre le Roi &
Dom Carlos.*

ELISABETH.

PRINCE ! il eft des momens extrêmes,
où l'on ne connoît plus de loix. Eft-ce ainfi

que vous traitez l'unique rejeton de tant
de rois ! Des mains armées contre votre
fils ! Oubliez-vous que vous êtes le garant de
fa vie, & que fon honneur eft le vôtre ?
Arrêtez, au nom de Dieu, avant que rien
ne tranfpire... (*Elle fe débarraffe des mains
des feigneurs qui la retenoient, faifit Dom
Carlos par la main avec fermeté.*) Laiffez-le,
laiffez-le. Pourquoi donc ufer de violence ?..
(*à Dom Carlos.*) Prince, tout votre efpoir
eft dans le cœur du roi. Dans cet excès de
malheur, vous pouvez encore le fléchir.
Les fentiments, la pitié peuvent fe faire entendre à fon ame. C'eft fouvent dans de
pareils momens, que la nature jette fon
cri & reprend tous fes droits... (*Elle le
conduit vis-à-vis du Roi.*) Dom Carlos, fi
vous êtes coupable, qu'un repentir fincere
vous ramene à un pere & à votre roi....
(*Elle tombe à genoux aux pieds du Roi, &
y fait tomber Dom Carlos avec elle.*) Sire,
nous tombons à vos pieds. ... Grace pour
votre fils. (*Elifabeth au comte de Lerme,
au duc de Feria & à Dom Diegue.*) Joingez-
vous tous à moi... Grace pour Dom Carlos.

LE COMTE DE LERME, LE DUC DE FERIA,
    DOM DIEGUE DE CORDOUE, *fe jetant
    aux genoux de Philippe II.*

Sire, grace, grace pour votre fang.

    PHILIPPE II, *fe retirant d'un air
        dédaigneux.*

Mon fang !... Lorfqu'il devient impur, je
m'en laiffe purger.

DOM CARLOS, *se relevant avec vivacité, & se dégageant de la Reine. (Les seigneurs se relevent aussi & l'observent.)*

J'ai cedé, pour vous complaire, madame : sans vous, l'on ne m'auroit point vu dans une posture si humiliante, & je serois mort plus glorieusement que vous ne vivez tous. (*Philippe s'éloigne & parle bas avec Ruy-Gomez ; les seigneurs restent auprès de Dom Carlos.*)

ELISABETH.

Qu'osez-vous dire, prince ! Vous vous perdez sans retour.

DOM CARLOS.

O trop sensible Elisabeth ! pourquoi vous exposer ainsi pour moi ?

ELISABETH.

Momens cruels ! Dom Carlos, quoi ; plus d'espoir ! (*Elle fond en larmes.*)

DOM CARLOS.

Ses larmes coulent dans mon cœur......; Vertueuse Elisabeth...

ELISABETH, *voyant sortir le Roi.*

Il s'éloigne. Quel trouble, quel effroi me glacent ! Que résoudre ? Qu faire ? Ah, de combien de douleurs suis-je déchirée à la fois.

DOM CARLOS.

Oubliez pour jamais un prince infortuné, depuis long-tems proscrit.

UN OFFICIER, *à Elifabeth.*

La volonté du roi, madame, eft que vous quittiez ces lieux.

UN AUTRE OFFICIER, *au comte de Lerme.*

Comte, obéiffez aux ordres du roi.

LE COMTE DE LERME, *à Dom Carlos qu'on environne & que l'on conduit dans une chambre voifine.*

Prince c'eft à regret; mais la volonté de votre pere.....

DOM CARLOS, *fortement.*

De mon pere! Dites de mon roi.. Dom Carlos, triomphe de ton défefpoir! (*à la Reine que l'on emmene.*) O vous, le plus cher objet que je puiffe regreter, adieu! Mon dernier foupir fera pour vous.

ELISABETH, *voyant entrer, par la porte où le Roi étoit forti, Spinola & tous les Commiffaires du S. Office, tombe en foibleffe, & eft foutenue par des officiers qui l'entraînent. Elle dit en fortant :*

Que vois-je! Des inquifiteurs. Tu es perdu, malheureux Dom Carlos! Infortunée Elifabeth, tu n'as plus qu'à mourir! (*Elle fort.*)

SCENE XXXVIII.

**PHILIPPE II, LE DUC DE FERIA ,
SPINOLA , LES COMMISSAIRES
DU S. OFFICE, DES CASUISTES.**

*L'on tend tout en noir , la table est couverte
d'un tapis de même couleur. Les inquisiteurs entrent en ordre de procession. On
pose sur la table un livre & des papiers.
Spinola y place un crucifix. Le Roi s'avance
ensuite avec son conseil , composé d'ecclésiastiques & de laïques.*

P H I L I P P E I I.

SAVANTS théologiens , qui compo-
sez mon conseil particulier, & vous , ministres du S. Office, répondez : puis-je, en
sûreté de conscience , faire grace à un fils
qui s'est ligué avec mes ennemis, qui a cons-
piré contre moi-même ? Ne suis-je pas in-
dispensablement obligé de remettre ce fils
criminel entre les mains de votre justice ?
Les membres du tribunal de l'Inquisition
ne sont-ils pas les exécuteurs des vengeances
royales ?

L E D U C D E F E R I A.

Sire , je pense que vous pouvez imiter
Charlemagne, qui la premiere fois que Pepin
conspira contre sa personne sacrée , lui par-
donna , attribuant sa faute à sa jeunesse, &

expire

prononçant cette belle parole, *qu'il étoit
le pere & non pas le juge de son fils.*

Philippe II.

Si quelqu'un est encore de cet avis,
qu'il songe que je le rends personnellement
responsable des suites que pourroit avoir
une grace imprudemment accordée. Mon
fils couroit se placer à la tête de mes sujets
révoltés; il alloit lever un fer parricide;
n'est-il pas doublement coupable? Fait - on
grace au crime de lese-majesté au premier
chef? Que ceux qui opinent pour que je lui
pardonne, se déclarent sur-le-champ en ma
présence. (*Personne ne dit mot. Après un
court silence Philippe dit avec une espece de
douleur :*) Hélas! je le vois, mon fils est
condamné. Dites - moi encore si ce fils,
pour qui j'ai tout fait, conservoit dans son
cœur des maximes perverses; s'il projetoit
de réformer un jour la religion, d'adopter
les sentimens des hérétiques...

Un Casuiste.

Un tel dessein seroit un attentat irrémissible.

Philippe II.

Si l'on avoit des preuves qu'il favorise
secrétement les opinions abominables de
Calvin, qu'il cherche à les répandre, à les
faire triompher, qu'il les adopte enfin de
cœur & d'esprit....

O

UN AUTRE CASUISTE.

Ceci est un crime capital, que rien ne pourroit remettre.

PHILIPPE II.

Qu'il eut prêté son nom pour faire entrer dans mes états des livres condamnés par le concile de Trente. (*Gesticulation muette & rumeur de la part des Casuistes & des Inquisiteurs.*)

UN CASUISTE.

Sire, voyez notre consternation.

PHILIPPE II.

Je vous entends. Ah, malheureux pere ! Malgré la douleur que me causent vos décisions, je n'arrêterai pas votre saint zele ; il est le rempart & la sauve-garde de notre auguste religion, qui doit triompher des impies. (*Les casuistes s'éloignent.*) Ciel, quel effort n'ai-je pas à faire sur moi-même ! Mais je domterai la foiblesse de la nature, puisqu'il s'agit des intérêts de la divinité. (*Aux Inquisiteurs.*) Juges suprêmes, faites-vous livrer Dom Carlos ; jugez-le. Songez que vos décisions émanent de Dieu même, de ce Dieu qui, pour le salut des hommes, n'a pas épargné son propre fils, de ce Maître du monde, qui a précipité dans l'abyme les anges rebelles que l'orgueil avoit portés à se soustraire à son obéissance. (*Il s'approche & se prosterne devant la table sur la-*

qu'elle eft le crucifix.) Je protefte, devant le Sauveur du monde , de figner aveuglé- ment votre jugement. Ma confcience fe décharge fur vous & vous rend garans de tous les maux qui pourroient arriver à la religion par l'impunité du crime de mon fils. Allez vous faifir de fa perfonne , & jugez-le. (*Ils s'en vont dans un morne filence vers l'appartement où l'on a conduit Dom Carlos.*)

SCENE XXXIX.

PHILIPPE II, GRANVELLE.

GRANVELLE.

Sire, le marquis de la Pofa n'eft plus ; mais on n'a rien trouvé fur lui.

PHILIPPE II.

Quoi ! aucun papier ? Pas le plus léger indice ? Il aura donc eu le tems de tout brûler ; on s'y fera mal pris ; car fortant de chez Dom Carlos, il devoit être chargé de quelque miffion dont on auroit pu trouver un témoignage certain fur-le-champ. Je porterai mes regards fur cette négligence.

GRANVELLE.

Les gens apoftés l'ont fuivi en fortant d'ici, & ne l'ont quitté qu'après l'avoir vu

expirer fous leurs coups. Votre majefté peut
être affurée qu'il n'y a eu aucun témoin.

PHILIPPE II.

Il faut faire paffer ce meurtre pour une
aventure nocturne. C'étoit un fujet dangereux; fon attachement pour le prince, la
cour affidue qu'il faifoit à la reine, me
l'ont toujours fait regarder comme l'ennemi
de mon pouvoir. Je ne fuis cependant pas fans
crainte. Veille-t-on bien par-tout ? Si quelque confpiration cachée alloit éclater en fa
faveur ! Il ne faut fouvent qu'un mécon-
tent... L'efpoir d'un nouveau regne... Quelle
terrible fituation pour moi ! Parmi tant de
féditieux & de rebelles, faut-il que je trouve
mon propre fils !

GRANVELLE.

Votre fermeté confondra tout. L'exemple
de Dom Carlos va vous rendre encore plus
redoutable. En remettant, comme vous
faites, fon jugement au tribunal du Saint
Office, vous n'êtes refponfable de l'événement devant qui que ce foit. L'on dira par-
tout : c'étoit une affaire de religion, un
myftere. Malheur à qui voudra le pénétrer
ou l'interpréter ?

PHILIPPE II.

J'efpere que ma réputation n'en fera
point tachée. C'eft un fage parti que j'ai
pris, cardinal.

GRANVELLE.

Bien fouvent, par la mort d'une feule
perfonne, on épargne beaucoup de fang.

PHILIPPE II.

Les rois ne doivent point avoir de parens.
Si je me servois uniquement des griefs contre
ma personne, toutes les cours, & principalement celle de l'empereur, me reproche-
roient un jour de ne lui savoir point fait
grace ; mais j'en ai d'autres. D'ailleurs, il
est des circonstances qui ne pourront jamais
parvenir à la connoissance des hommes.

SCENE XL.

PHILIPPE II, GRANVELLE, RUY-GOMEZ.

RUY-GOMEZ, *sortant de l'appartement où*
est détenu Dom Carlos.

VOILA, Sire, deux papiers que Dom
Carlos vouloit soustraire. Ce sont les seuls
qu'on lui ait trouvés.

PHILIPPE II.

Donnez.... Que fait-il ?

RUY-GOMEZ.

Lorsqu'on l'a déshabillé pour le revêtir,
suivant l'usage, des vêtemens de ceux qui
vont être jugés par l'Inquisition, son désef-
poir a été extrême. J'ai cru que dans l'excès
de sa fureur il alloit expirer. Jamais il
ne m'a été possible de lui ôter un portrait
de la reine, qu'il porte attaché sur son cœur.
Enfin il est tombé dans un calme farouche ;

il ne parle plus.... Mais le voici; on le
conduit devant ses juges.

P H I L I P P E   I I.

Venez avec moi dans l'éloignement. Je
veux tout entendre. Nous feindrons d'être
en prieres ; vous vous tiendrez auprès de
moi ; sur-tout ne me quittez pas.

S C E N E   XLI.

LES ACTEURS PRÉCÉDENS,
SPINOLA, *à la tête des Inquisiteurs*
qui conduisent Dom Carlos vêtu d'un
san-benito de toile noire, rayée de blanc.
Spinola prend sa place sur un siege élevé.
Les greffiers se placent à côté, & se mettent
en devoir d'écrire. Les autres juges se
placent successivement. L'on veut faire asseoir
Dom Carlos sur une petite sellette ; mais il
se tient debout avec opiniâtreté. Tout est
tendu en noir.

D O M   C A R L O S.

Ministres de tourmens, où me menez-
vous ? Que me voulez-vous encore ? Croyez-
vous pouvoir avilir Dom Carlos sous ces
vêtemens sinistres ? Non : tout cet appareil
de mort ne m'en impose pas. Je sais trop
par qui vous agissez. Non content de m'avoir
arraché au bonheur, il fait jouer contre moi
les instrumens secrets de sa tyrannie, &
me précipite lui-même dans les horreurs du

tombeau. Roi cruel ! allons, confommez
ce facrifice barbare. Que l'unique rejeton
de tant d'illuftres aïeux, le feul défenfeur
des peuples opprimés, tombe avec des
milliers de victimes fous les coups de l'impofture. Faites de ce monde un enfer femblable à celui que vous annoncez. Je renonce
à régner fur la terre ; je la quitte fans regret.
Je fuis réfolu à périr plutôt que d'y régner
par vous. Je me fens même affez de calme
pour vous entendre & vous répondre avec
tranquillité. Prêtres, qui vous dites chrétiens, héritiers des faints martyrs difciples
des apôtres, parlez, jugez-moi. Interrogez
celui qui devoit être un jour votre fouverain, & qui auroit vengé fur vous l'humanité
outragée.

S p i n o l a.

Prince ! autant Dieu eft élevé & maître
de toutes chofes, autant le pouvoir de ce
faint tribunal qui défend fa caufe eft au-
deffus des hommes, quelque foient leurs
rangs fur la terre ; les rois lui doivent compte
de leur foi, comme le dernier de leurs fujets.
Pour connoître à fond les fentimens, nos
loix ordonnent de commencer par faire fubir
à l'accufé la queftion la plus rigoureufe.
Jamais nous n'inftruifons fur les griefs dont
il eft chargé ; il faut qu'il en faffe l'aveu
lui-même. Nous voulons bien, par égard
pour votre rang, vous difpenfer de cet
ufage ; mais nous attendons de vous une
confeffion entiere de votre croyance fur la
religion.

DOM CARLOS.

(Les greffiers écrivent tout ce qu'il dit.)

Vous pouvez vous y attendre ; rien ne m'empêchera de dire hautement la vérité. J'apperçois le roi dans un sombre silence... Témoin muet, mais avide....... Eh bien, qu'il m'entende. Dès l'enfance je fus instruit de tous les mysteres de notre religion ; j'adoptai ce que ma raison put comprendre, j'en respectai l'ensemble ; & si ma jeunesse eût été occupée par des travaux dignes de moi, ma foi seroit demeurée entiere & soumise. Mais on m'a laissé spectateur désœuvré de vos guerres ecclésiastiques ; j'ai connu vos divisions, j'en ai cherché la source, & j'ai vu sous le masque religieux, l'intérêt sordide, l'ambition démesurée, l'entêtement, la soif de la vengeance, tous les vices enfin servir de base à votre élévation. Toujours en discorde, vos dissensions intestines ont commencé par me faire douter de votre bonne-foi. Mais, lorsque je vous ai vus, abusant du pouvoir, brûler ceux que vous n'avez pu convaincre, calomnier la vertu, anéantir des familles entieres, tant d'atrocités m'ont révolté. Que vous m'avez paru éloignés des maximes de l'évangile, ces maximes sublimes & pures, que vous ne cessiez de prêcher aux autres! Combien de respectables prélats ont été les victimes de votre jalousie, sous l'horrible prétexte que leur croyance n'étoit point celle

de l'évêque de Rome! Je les ai vu périr;
mon indignation....

S P I N O L A.

L'évêque de Rome! Vous entendez.
Continuez, Prince, & confessez votre foi
en termes positifs.

D O M C A R L O S.

Elle est toute entiere au Créateur de cet
admirable, de cet imposant univers; mon
espérance est uniquement en ce grand maître
invisible & tout puissant; je l'adore & me
prosterne devant sa grandeur.

S P I N O L A.

Ce n'est pas là.... ce n'est pas là le point.
Répondez clairement & sans subterfuges:
croyez-vous en Jésus-Christ?

D O M C A R L O S.

Sa morale divine, émanée du Pere commun des hommes, prouve qu'il ne fait qu'un
avec lui. Il prêcha contre les prêtres, dont
il condamnoit les vexations. Il étoit le Verbe:
il fut sacrifié par le fanatisme & l'impos-
ture...... Oui, je crois en lui; je révere la
doctrine qu'il a daigné apporter sur la terre.

S P I N O L A.

Croyez-vous en son église catholique,
apostolique & romaine?

D O M C A R L O S.

Je crois aux préceptes qui sont puisés dans
l'évangile, je respecte toute bouche qui les

prononce ; mais je ne puis croire à la prétendue infaillibilité de ces pontifes, mandians des royaumes, tantôt complaisans & adulateurs des rois, tantôt leurs tyrans ; tour-à-tour esclaves & usurpateurs. Il ne faut qu'opposer l'évangile à leur vie, pour en voir la contradiction. Je proteste contre leurs loix barbares : l'établissement de votre tribunal odieux est leur ouvrage ; en faut-il davantage pour les faire abhorrer ?

SPINOLA.

Ainsi vous ne croyez point aux apôtres ?

DOM CARLOS.

Je ne confonds point les apôtres avec cette église, dont vous vous faites membres. Ils étoient des hommes vertueux, charitables, pleins de Dieu, inspirés pour annoncer aux hommes une morale pure. Ils ont voulu les éclairer sur leur idolâtrie, sur la fourberie de leurs prêtres ; & les prêtres en ont fait des martyrs par la main des tyrans. Toujours humbles, toujours pauvres, toujours dédaignant la puissance temporelle & les biens de ce monde...... Peut-on vous reconnoître à ces traits ?

SPINOLA.

Nous ne vous demandons point des réponses si étendues. Dites-nous en peu de mots, si vous admettez ou rejetez absolument toutes les décisions du concile de Trente.

DOM CARLOS.

Ce concile, au lieu de réunir les chrétiens, les a défunis pour des siecles. Une
infidieufe politique s'eft obftinée à maintenir
d'antiques abus, appuyés par des décifions
obfcures. Vous y étiez tous à ce concile de
Trente, & je ne fuis plus furpris des principes qui y ont été reçus. D'ailleurs, le
pape vous faifoit mouvoir à fon gré ; & je
prendrois fes arrêts pour regle de ma foi !

UN INQUISITEUR.

Comment ! incrédule au faint concíle de
Trente ?

AUTRE INQUISITEUR.

Blafphémateur du faint fiege !

AUTRE INQUISITEUR.

Quelle perverfité !

AUTRE INQUISIT EUR.

O Dieu, préfervez-nous à jamais du
regne d'un prince auffi impie !

DOM CARLOS.

L'impiété eft d'allier l'impofture avec la
vérité éternelle. Oui, fans doute, vous
auriez tout à craindre de moi ; mais ne
croyez pas toujours avoir des princes affez
foibles pour vous protéger. Voyez comme
le Nord fe dégage de votre joug honteux.
Sur le trône d'Angleterre, une femme vous
brave ; la Hollande voit répandre fon fang
plutôt que de vous fouffrir ; & déjà dans

la France, malgré votre afcendant fur le
roi, les plus braves des François ont obtenu
cette liberté de confcience, l'honneur &
la paix de l'humanité. Perfécuteurs impitoyables de quiconque ofe penfer, répondez-
moi : vous-mêmes, quels fruits efpérez-
vous retirer de tant d'abominations ? Croyez-
vous pouvoir vous accorder avec Dieu
comme avec les rois, fi toutefois vous n'êtes
pas affez pervers pour le renier intérieurement ? Quelle foi peut avoir en la Divinité
celui qui ofe faire un trafic de fes graces,
& pour un vil intérêt compromettre à chaqu'inftant fon faint nom ? Tremblez.... votre
derniere heure doit venir auffi. Je le vois,
ce dogmatique impofteur, qui croit pouvoir tromper les hommes jufques dans fon
lit de mort. Ses complices l'affiftent ; ils
tremblent qu'il ne fe dévoile ; ils arment
l'orgueil pour repouffer les cris de fa
confcience. La vérité effrayée ne trouve
plus d'organe dans un corps affoibli, que
la douleur occupe & que les remedes abu-
fent. Il expire, fe compofant toujours, &
fe trompant lui-même. Il croit tout gagner,
s'il dérobe aux yeux du monde l'infection
de fon ame. Voilà vos derniers momens :
foyez fpectateurs des miens ; voyez Dom
Carlos quitter la vie fans crainte & mourir
avec la fermeté d'un homme innocent, qui
met en Dieu fon efpoir & fa confiance. Le
maître momentané, dont vous fuivez les
loix terribles, paffera comme vous. Il fe

reprochera la mort de son fils. C'est alors
que les intrigues secretes, les manœuvres
sourdes qui vous lient ensemble, seront
exposées au grand jour. Sa mémoire sera
en horreur à la postérité ; & malheur aux
rois dont le regne ne sera pour la race future qu'un sujet d'horreur & de scandale !
Malheur aux ministres qui les auront séduits
ou secondés !

(*Philippe II envoie Granvelle à Spinola,
pour lui ordonner de terminer avec Dom
Carlos.*)

Spinola.

Prince, vous présentez un scandale inouï
aux membres du S. Office ; ils sont profondément affligés des erreurs funestes où votre
ame est tombée, & vous conjurent avec
larmes de faire tous vos efforts pour sortir
de l'abyme : n'avez-vous plus rien à dire ?

Dom Carlos, *avec mépris, & se laissant
emmener.*

Non.

Spinola.

Nous gémissons de votre réponse.

SCENE XLII.

PHILIPPE II, SPINOLA, LES INQUISITEURS.

SPINOLA, *aux Inquisiteurs.*

Vous l'avez entendu.

LES INQUISITEURS.

Il mérite la mort.... la mort.... la mort... la mort.... (*On écrit, & ils signent la sentence.*)

SPINOLA, *à Philippe.*

Grand roi très-catholique, de quel terrible emploi nous avez-vous chargés!...... Voici le jugement qu'un inviolable devoir nous a forcés de porter. Notre bouche se refuse à vous en faire la lecture ; signez, si vous le pouvez.

PHILIPPE II.

Plus il m'en coûte, & moins je dois différer.... (*Il signe, & dit en prenant la plume :*) C'est ainsi qu'Abraham sacrifia son fils au Seigneur. (*Aux Inquisiteurs, après avoir signé.*) Le coupable vous est abandonné, allez.... Rien ne peut maintenant le soustraire à votre justice. (*Tous retournent dans l'appartement où est Dom Carlos.*)

SCENE XLIII.

PHILIPPE II, RUY-GOMEZ, GRANVELLE.

PHILIPPE II, *à Granvelle.*

CARDINAL, veillez exactement sur tout ce dont je vous ai chargé. Chacun répondra sur sa tête, des soins qui lui sont confiés. Ecartez sur-tout jusqu'au moindre soupçon de mort sur Dom Carlos. Dites seulement qu'il est enfermé. (*Granvelle sort.*) (*à Ruy-Gomez*) Vous, Ruy-Gomez, suivez-moi; je le vois, je l'entends encore. Etouffons ces vains prestiges, effets d'un préjugé dont nos foibles organes ont peine à se défendre. Avec quelle hardiesse il a osé parler! Je n'ai pu soutenir son regard enflammé. Oh, que deviendrois-je, s'il venoit à s'échapper!

RUY-GOMEZ.

La reine m'inquiete davantage.

PHILIPPE II.

Vous savez sur qui je me repose...

RUY-GOMEZ.

Votre majesté est-elle bien décidée?

PHILIPPE II.

Vous devez me connoître.... J'ai besoin d'être tranquille, & mon état pour le moment devient plus expofé. Je ne veux point faire un demi - facrifice, c'eft vous en dire affez.

RUY-GOMEZ.

Comptez fur mon aveugle obéiffance. Les volontés d'un grand roi comme vous font des loix inviolables, qu'on doit exécuter fans réfléchir. Vous favez fi nous fommes accoutumés à tout facrifier...

PHILIPPE II.

Il fuffit; n'ayez aucune crainte... Frapper mes ennemis, c'eft détruire les vôtres mêmes.

SCENE XLIV.

Le théatre repréfente le cabinet du Roi, avec une table & des fauteuils. Il y a deux portes: l'une eft cenfée donner dans l'appartement à coucher du Roi & de la Reine.

ELISABETH, LA DUCHESSE D'ALBE, LA PRINCESSE D'EBOLY, HONORINE.

ELISABETH *dans un fauteuil, paroît dans une attitude gênée & fouffrante, ayant auprès d'elle la petite infante Ifabelle fa fille. Sa fuite eft dans l'éloignement.*

LA DUCHESSE D'ALBE.

VOUS vous trouvez plus mal, madame, & vous perfiftez à refter ici.... Pourquoi refufer refuſer les ſoulagemens qu'on s'empreſſe à vous offrir ?

LA PRINCESSE D'EBOLY.

Nous vous demandons en grace de vous laiſſer conduire dans vôtre appartement. Vous vous ſentirez mieux auſſi-tôt que vous ſerez couchée.

ELISABETH.

Je vous ai déjà dit que je voulois attendre le roi en ce lieu. Retournez vers lui ; dites-lui que j'expirerai à cette place, plutôt que de la quitter avant qu'il s'y rende.

LA PRINCESSE D'EBOLY.

Mais, madame...

ELISABETH.

Allez, ne perdez point de temps.

LA DUCHESSE D'ALBE, *à part à la princeſſe d'Eboly.*

Il faut que le roi ſe décide promptement à la ſatisfaire ; vous m'entendez. ... (*La princeſſe d'Eboly ſort.*)

HONORINE, *à la reine.*

Ah ! par pitié, ne me chaſſez point d'auprès de vous. Eſſayez quelques ſecours. Hélas ! plus votre état empire, plus vous ſavez vous contraindre. Qu'avez-vous ; ma chere Eliſabeth ? au nom de l'amitié, daignez répondre ; qu'avez-vous ?

ELISABETH.

Bonne Honorine, ne te livre point à des

P

inquiétudes superflues. Je supporte mes souffrances, dans l'espoir qu'elles passeront bientôt. Non, ce que j'endure ne sera pas au-
dessus de mon courage. Souleve ma fille : que
je l'embrasse encore...Innocente ! tu me souris
dans mes douleurs. Ton âge heureux te
sauve bien des larmes. Tu ne peux rien
connoître, tu ne peux m'entendre....O
divine providence, protégez-là ! Je remets
entre vos mains son sort & le mien. Chere
Honorine, je t'avois ordonné de me quitter. Ton attachement l'a emporté sur l'obéissance ; & puisque tu me presses de te garder
près de moi, je te charge désormais de
donner tous tes soins à mon enfant. Je
prierai le roi qu'il te confie sa jeunesse. Ce
sera une grande consolation pour moi, de
savoir ma chere petite Isabelle sous la garde
de celle qui m'a élevée. Souviens - toi de
lui rappeller, tous les jours de sa vie, que
mon dernier vœu est qu'elle s'attache à mériter l'amitié de son pere ; qu'elle soit fidelle
aux devoirs que la nature lui impose, &
qu'elle ne croie jamais rien de ce qui
pourroit l'en écarter.

HONORINE.

Vous me parlez comme si vous aviez
perdu l'espérance de l'élever vous - même.
De quel sinistre présage aimez-vous à vous
entretenir !

ELISABETH.

Je ne m'abuse point. Tu voulois vivre

en cette cour pour moi seule ; fais plus,
restes-y pour mon enfant.

HONORINE.

Ciel, que me dites-vous, princesse !

LA DUCHESSE D'ALBE, *à Honorine.*

Vous fatiguez la reine, en lui parlant toujours. Sa majesté a besoin de repos.

ELISABETH.

Eloignez-vous, chere Honorine ; je vous
l'ordonne. Emmenez ma fille. Si vous restez
près d'elle, ne l'entretenez jamais des momens orageux de ma vie, encore moins de
celui de ma mort.

(Honorine se retire avec la petite Isabelle.)

SCENE XLV.

PHILIPPE II, ELISABETH, LA DUCHESSE D'ALBE, LA PRINCESSE D'EBOLY.

*(Philippe II s'entretient à voix basse avec
la princesse d'Eboly.)*

ELISABETH, *à la duchesse d'Albe.*

Vous rendrez compte de tout ce que
j'ai dit à ma chere Honorine. Vous êtes
témoin que je n'ai rien hasardé qui puisse
la compromettre.

LA DUCHESSE D'ALBE.

Je ne sais ce que votre majesté veut me
faire entendre.

ELISABETH.

Vos ordres font de ne me point quitter; c'eft vous en dire affez. Au moins vous me laifferez feule avec le roi. Eloignez - vous.

(*La ducheffe & la princeffe fe retirent.*)

PHILIPPE II, *s'avançant d'un air hypocrite. Il fe tient cependant à quelque diftance de la Reine.*

Que me voulez-vous, madame? Eft - ce ici que je devrois vous trouver, dans l'état où vous êtes?

ELISABETH.

C'eft le feul moyen que j'aie trouvé pour vous forcer de paroître encore une fois devant moi. Votre deffein étoit d'éviter ma préfence. Je préfume qu'il doit vous en coûter beaucoup en de pareils momens.

PHILIPPE II.

Il eft vrai, madame, que j'ai paru vouloir éviter cet entretien que vous demandez avec tant d'inftances. J'ai craint vos plaintes & vos clameurs. Croyez-moi, je n'ai pu m'empêcher d'agir avec févérité envers Dom Carlos; & cette prifon où je le retiens, lui fera plus falutaire que nuifible. Je ne demande que fa converfion.

ELISABETH.

Que fa converfion!...

PHILIPPE II.

Dieu qui connoît mes plus fecrettes pen-

fées, me juſtifiera de cet empriſonnement.
C'eſt non-ſeulement pour ſon bien particulier, mais pour l'intérêt de mes royaumes.
Ma réſolution me cauſe à moi-même la
plus profonde douleur; mais ma ſeule con-
ſolation eſt dans l'eſpoir que la grace entrera
dans ſon cœur.

ELISABETH.

Vous eſpérez, vous, lorſque ſon arrêt
de mort, ſigné de votre main, par vos
ordres même, vient d'être exécuté!... Ah,
Dom Carlos! plus heureux que moi, tu as
déjà fini ta funeſte carriere.

PHILIPPE II.

Que dites-vous, Madame? Qui peut
avoir oſé?.....

ELISABETH.

Ne pourſuivez pas..... Il n'eſt plus tems
de feindre. Mes reproches ſont-ils donc ſi
redoutables?.... Je ne vous en ferai point,
puiſqu'ils ſont inutiles.

PHILIPPE II.

Mais ne croyez point, Madame....

ELISABETH.

Ceſſez, ceſſez de vouloir m'en impoſer...
Je connois trop l'irrémiſſible tribunal auquel
vous avez livré votre fils, pour ne pas ſavoir qu'on y condamne tous ceux qu'on y
dénonce. Je ſais qu'il n'eſt plus, & quelle
main lui ôte la vie. Ne jouez point à mes
yeux un rôle qui vous avilit encore davan-

tage. Soyez vrai malgré vous , puifque tout votre pouvoir n'a pu me cacher cette affreufe vérité ; ce ne font point vos paroles qui pourroient me diffuader.

PHILIPPE II.

Je crains, Madame, que, malade comme vous l'êtes, vous ne vous abandonniez à de trop fâcheux preffentimens.

ELISABETH.

Dites plutôt que vous redoutez qu'avant ma mort, qui eft prochaine , je ne révele un fecret que vous vous efforcez de retenir enfeveli dans l'ombre ; mais n'appréhendez pas, ma bouche fe fermera fans avoir prononcé un feul mot fur ce fait abominable.

PHILIPPE II.

Que ne puis-je moi-même en perdre la mémoire ! Je voulois, madame, épargner votre fenfibilité....... Oui , j'ai été forcé d'offrir à la Majefté divine le facrifice de ce fils unique, en reconnoiffance des bienfaits que j'ai reçus de fa main libérale. J'ai préféré le maintien de la religion , la tranquillité de mes peuples, aux fentimens de la nature.

ELISABETH.

Eft-ce devant moi que vous voulez vous excufer ? Oubliez-vous à qui vous parlez ? Voyez l'état où je fuis..... Supprimez ces artificieux détours.

PHILIPPE II.

Je voudrois, au prix de ma vie, vous

voir parfaitement guérie. Laiſſez, laiſſez au moins donner quelques ſoulagemens à vos ſouffrances.

ELISABETH.

Ainſi, vous vous flattez d'immoler la victime en cachant la main qui lui déchire le flanc. L'habitude de certains forfaits en diminue à vos yeux la noirceur.

PHILIPPE II.

Ah, madame !........Que voulez-vous dire ?

ELISABETH.

Croyez-vous m'avoir punie en faiſant couler la mort dans mes veines ? Non, non ; c'eſt un bienfait dont je vous rends graces. Vous me délivrez de vous-même. Vous me rendez à Dieu. Recevez mes remerciemens. Soyez tranquille ſur votre crime ; il demeurera enſeveli dans ma tombe, ſi perſonne que moi ne le révele. Depuis le moment où j'ai pris le fatal breuvage, vos complices ne m'ont point quittée. Toujours obſervée, perſonne, excepté Honorine, ne m'a approché. Je ne lui ai rien dit. Cette femme m'aime, & n'eſt point coupable. Elle peut vous ſervir auprès de l'enfant que je vous laiſſe. Je lui ai recommandé d'inſpirer à ma fille un attachement ſincere à votre perſonne. Elle obéira avec zele en mémoire de moi. Diſpenſez-vous de la faire périr : c'eſt la ſeule & derniere grace que j'ai voulu vous demander. J'ai droit de vous

parler auſſi ouvertement. Je ſais trop bien
à préſent comme vous immolez ceux qui
vous portent ombrage. Je ne vous ſupplie
point pour la vie de l'infante votre fille,
elle ſera moins nuiſible qu'utile à vos projets; & cet unique rejeton peut ſuffire,
puiſque vous n'avez eu nulle pitié du nouveau fruit que je porte dans mes flancs. Vous
n'ignorez point l'état où je ſuis, & le double aſſaſſinat que vous commettez.... Quoi,
Sire, vous reſtez ſans me répondre! Vous
ſemblez interdit... Allez, je ſens que bientôt nous ſerons délivré l'un & l'autre du
poids qui nous oppreſſe.... O Dieu, que je
ſouffre! Quoi! vous détournez la vue?
Cruel, venez contempler votre ouvrage.
La douleur change mes traits, m'arrache
des cris; mais n'altere point la paix inté-
rieure de mon ame; elle aſpire au moment
de rompre ſes liens...... Plus les tourmens
s'accroiſſent, plus mon eſpoir augmente.

PHILIPPE II.

Accablé par vos reproches & vos ſoupçons,
je ne ſais que répondre. Je n'écoute plus que
mon devoir. Il m'oblige, madame, en ces
momens ſérieux, de vous rappeller à la religion. J'ai ſujet de craindre que vous ne
vous en ſoyez intérieurement écartée... Voulez-vous finir comme Dom Carlos, en refuſant les ſecours des miniſtres du Seigneur?
Aurois-je pour ſurcroît de chagrin celui de
vous voir dans un état dangereux, riſquer
de mourir ſans confeſſion?

Elisabeth.

Je ne refufe point de m'humilier en mes derniers momens ; au contraire, je me foumets, pour l'amour de Dieu, à tout ce qu'on exigera de moi. Mais quel intérêt pouvez-vous avoir pour une ame que vous avez fi long-tems défolée ? Pourquoi les fecours de la religion vous paroiffent-ils fi néceffaïres ! Philippe ! Philippe ! vous vous abufez. Perfonne ne fera la dupe de cette dévotion apparente dont vous penfez couvrir vos actions déteftables. On ne reconnoîtra dans ce zele affecté pour la religion qu'un lâche moyen de politique pour fatisfaire vos idées ambitieufes & vos paffions défordonnées. Non, vous ne réuffirez jamais qu'à faire des malheureux & à l'être vous-même. Avec les tréfors du Nouveau-Monde vous ruinerez votre royaume. Les noms de ceux que vous avez fait périr cruellement, feront l'opprobre du vôtre. L'épouvantable récit de vos atrocités, gravé dans l'hiftoire, effraiera la race future, qui ne pourra le lire fans horreur. Vos prêtres & vos loix feront un jour déteftés par toute la terre. On placera votre image auprès de celle des Tibere & des Néron ; & lorfque les peuples voudront infpirer à leurs enfans l'horreur d'un defpote, ils prononceront feulement le nom de Philippe II.

Philippe II.

Je ne vous réponds que par des pleurs, &

me contente de gémir de vos difcours. Je vous les pardonne.... je veux même les oublier.... Je vous conjure, par tout ce qu'il y a de plus facré, de ne laiffer échapper publiquement aucun de vos injurieux foupçons.

ÉLISABETH.

Vous craignez plus le monde que Dieu & votre confcience. Dans ce moment je ne vous appréhende plus; & fi je me tais, c'eft pour épargner des fujets de vengeance & des guerres, dont le pauvre peuple eft toujours victime. Vos remords feront mes plus terribles vengeurs. Si vous me furvivez longtems, la préfence de ma fille fera pour vous un reproche. Vous direz malgré vous, en la regardant : j'ai ôté la vie à ta mere.... Je fens que je ne peux plus réfifter à mes fouffrances. Un furcroît de douleur encore plus aiguë..... Ce que je fouffre eft inexprimable. Appellez..... Que l'on m'emporte. Quel tremblement !.... Dieu des miféricorde, faites que ce nouvel affaut foit le dernier !

(*Philippe II va vers la porte, fait un figne. Auffi-tôt la ducheffe d'Albe, la princeffe d'Eboly, des dames de la Reine & des officiers l'emportent.*)

PHILIPPE II, *s'approchant d'un air compofé vers Elifabeth.*

Hélas, madame !

ELISABETH, *détournant la tête.*

Retirez-vous, laiffez-moi...... laiffezmoi mourir en paix.

SCENE XLVI.

PHILILLE II, *seul.*

Elle me glace d'effroi..... Je crains de
me trahir.... Ses souffrances me déchirent
& me font souffrir plus qu'elle.... L'enfer
est dans mon cœur.... Je suis dévoré d'inquiétudes. .... Peut-être serai-je tranquille
quand elle ne sera plus.... Quoi ! je me
sens ému.... Bannissons cette foiblesse....
Ah ! si j'éprouvois toujours ce que je sens
à cette heure, seroit-il dans l'univers un
mortel plus tourmenté que moi ? (*Il s'ap-*
proche de la table & veut écrire.) A peine
puis-je tenir la plume.... Ma main tremblante.... (*Il écrit & répete tout haut :*)
      " Très-saint Pere.
    " Par le devoir qu'impose l'obéissance
" filiale que tous les princes doivent à vo-
" tre sainteté, & dont en mon particulier
" je me fais gloire de vous donner des mar-
" ques authentiques, je dois rendre compte
" à votre béatitude, comme à mon pere
" spirituel, de toutes mes actions, sur-tout
" dans les affaires importantes ... " (*à part.*)
Ces sortes de soumissions ne me coûtent
rien. C'est dans un moment semblable que
je dois amadouer le souverain pontife. (*Il*
continue d'écrire.) " En conséquence, j'ai cru
" indispensable de donner avis à votre sain-
" teté des raisons qui m'ont fait prendre un

» parti extrême envers mon fils, pour rem-
» plir d'un même coup ce que je dois à la
» religion & au falut de tout mes peuples. »

SCENE XLVII.

PHILIPPE II, GRANVELLE.

PHILIPPE II.

EH bien, mon cher cardinal? (*Il écrit.*)

GRANVELLE.

Que votre majefté foit tranquille : la reine
a reçu avec foumiffion le confeffeur que vous
lui avez choifi. Il étoit déjà dans fon appartement lorfqu'on l'a emmenée. Il ne la quit-
tera plus, & viendra enfuite faire fon rapport
de ce qu'elle lui aura découvert.

PHILIPPE II.

Comment a-t-elle pu favoir fi promptement le fort de Dom Carlos ? Cela me
trouble & m'inquiete. J'avois tant recommandé qu'on lui cachât jufqu'aux moindres
apparences.

(*Il continue d'écrire.*)

GRANVELLE.

Sire, malgré tous nos foins, la mort de
Dom Carlos eft un bruit public ; on ne peut
la taire plus long-tems. Il feroit néceffaire
d'en inftruire vous - même les puiffances
étrangeres, afin qu'elles ne prennent pas des
idées trop défavantageufes.

Philippe II,

C'est à quoi je m'occupe : j'écris au pape. Il faut empêcher tous les discours que l'on pourroit tenir à Rome. Cette cour est sujette à vouloir pénétrer les actions les plus secretes des rois ; mais il me sera facile de lui donner le change, & de répandre des ténebres..... Cardinal, vous avez eu des dépêches de Flandre ?

(Philippe plie sa lettre & y appose son cachet.)

Granvelle.

Sire, ce pays se livre à des excès sans exemple. Les États ont dressé un acte par lequel ils se dégagent entiérement de votre souveraineté. Tous les officiers, tant civils que militaires, l'ont signé publiquement, aux acclamations du peuple. Ils ont rompu les sceaux de votre majesté, annullé vos édits, déchiré vos portraits, brisé vos statues, & détruit tous les monumens de votre regne. Enfin, ils déclarent que c'est un droit inhérent à tous les peuples libres de renoncer à l'obéissance du prince, quand il refuse obstinément de remplir les devoirs auxquels il s'est engagé par serment, en recevant celui de ses sujets. Ils parlent de loix fondamentales.

Philippe II.

Ai-je tort d'user de rigueur ? Que n'auroient-ils donc pas osé, si j'eusse molli à leur égard ?.... J'appesantirai mon bras.

GRANVELLE.

Voici les séditieuses raisons qu'ils ont l'audace d'expoſer publiquement.

PHILIPPE II.

Liſez.

GRANVELLE, *liſant*.

Si les rois ont été revêtus de l'autorité, & ſi les ſujets leur doivent l'obéiſſance, c'eſt en vertu d'un contrat néceſſaire, par lequel un roi s'engage à protéger, défendre & gouverner ſagement le peuple dont il eſt le maître ; tandis que celui-ci doit lui être ſoumis, reſpectueux, & conſacrer, s'il le faut, ſa vie & ſes propriétés, pour former la force & la puiſſance du ſouverain : mais dans tous les états policés il y a des loix qui déterminent les devoirs & les droits des ſujets ; & lorſque les rois, aveuglés par l'amour d'un plus grand pouvoir, ont voulu ſe mettre au-deſſus de ces loix, &, ne ſuivant que leur volonté arbitraire, uſer de violence & maltraiter inhumainement ceux qui leur avoient confié l'autorité, alors on a vu les peuples, pouſſés à bout par ces outrages, ſe choiſir un autre maître, un autre protecteur, & ceſſer de ſe regarder comme tenus à l'obéiſſance envers l'infracteur du pacte ſocial ; car rien ne peut être mis en balance avec la ſûreté & le bonheur de tous les individus qui compoſent un état. En conſéquence nous, les Etats de la Flandre, &c.

PHILIPPE II.

Quelles abominables maximes !... Je ne m'étonne plus de la rebellion ; elle se portera aux derniers excès, en suivant de pareilles idées : mais je saurai la réduire par la force.

GRANVELLE.

Sire, je crains encore de vous lire l'*apologie* que le prince d'Orange a présentée aux Etats, en réponse à la proscription que vous avez lancée contre lui.

PHILIPPE II.

Je suis curieux de savoir ce qu'elle contient.

GRANVELLE.

Je prie sa majesté de se dispenser d'entendre des propos aussi outrageans.

PHILIPPE II.

Non, non, je ne dois rien ignorer. Lisez, lisez, vous dis-je.

GRANVELLE.

Vous l'ordonnez absolument ?

PHILIPPE II.

Je vous le répete, je le veux.

GRANVELLE.

Je vous obéis avec peine, & ma bouche prononcera avec répugnance des expressions aussi scandaleuses..... (*Il lit.*) " Ces traits

» lancés contre moi ne partent point de la
» main de ces satyriques obscurs que j'ai tou-
» jours méprisés, & auxquels j'ai dédaigné
» constamment de répondre. Mon accusa-
» teur est un roi puissant, qui veut me per-
» cer le sein, dans l'espérance qu'après avoir
» porté ce coup à la confédération, il lui
» sera plus aisé de la détruire. Toute per-
» sonne instruite de la conduite qu'à tenue
» le roi d'Espagne dans les différentes par-
» ties de ses domaines, qui connoissent les
» cruautés qu'il a exercées dans le royaume
» de Grenade, dans le Mexique & au Pé-
» rou, pourront facilement attribuer au ca-
» ractere de ce prince les calamités dont les
» peuples des Pays-Bas sont & ont été acca-
» blés. Il me reproche d'avoir favorisé les
» protestans. Je réponds qu'avant d'avoir
» embrassé la religion réformée, je n'avois
» aucun sentiment de haine contre ceux qui
» la professoient, & cela ne doit point sur-
» prendre, si l'on considere que j'avois été
» rempli de bonne heure de principes reli-
» gieux. Mon pere avoit établi la réforme
» dans ses domaines; il l'avoit toujours pro-
» fessée, & il est mort dans cette croyance.
» J'avouerai même que, lorsque j'étois à la
» cour de l'empereur, où j'avois été élevé
» dans la religion romaine, j'avois en hor-
» reur les cruautés qu'exerçoient les Inqui-
» siteurs. J'avoue aussi que le roi d'Espa-
» gne, partant pour la Zélande, me com-
» manda de faire périr plusieurs personnes,
» parce

» parce qu'elles suivoient la religion réfor-
» mée. J'ai refusé formellement d'obéir. Je
» fis même avertir les proscrits du danger
» auquel ils étoient exposés. Après les preu-
» ves que j'ai données du peu de crainte
» que m'inspire le pouvoir de Philippe, c'est
» un moyen bien puérile qu'il emploie que
» cette proscription. Quelle est la nation en
» Europe, quel est le prince, excepté le
» roi d'Espagne, qui ne regarde comme
» barbare & déshonorant d'autoriser & d'en-
» courager publiquement le meurtre & l'as-
» sassinat? Mais tous les sentimens d'honneur
» & d'humanité sont étrangers à Philippe II;
» ce roi, ayant recours à un assassin pour se
» défaire d'un ennemi qui ne lui cache ni sa
» haine ni son mépris, avoue à la face de
» l'univers, que s'il en agit ainsi, c'est qu'il
» n'a pas l'espérance de me réduire par la
» force des armes. . . . »

P h i l i p p e   I I.

Comment. . . . . comment. . . . en propres
termes ! Et tout cela est répandu publiquement ! C'est imprimé !

G r a n v e l l e.

Imprimé, répandu, Sire.

P h i l i p p e   I I.

N'y auroit-il pas des moyens pour anéantir à jamais cette dangereuse, cette fatale
imprimerie ?. . . . Détestable invention !

Q

GRANVELLE.

Cela est impossible aujourd'hui, Sire, absolument impossible.

PHILIPPE II.

Ah, que me faut-il endurer ! Est-il possible ! Quoi, il ne se trouvera pas un seul homme qui me venge !

GRANVELLE.

Beaucoup ont promis & sont disposés... Peut-être en ce moment même Guillaume sent-il le poignard s'enfoncer dans son cœur.

PHILIPPE II.

Si ce coup tardif eût été fait plutôt, la religion & moi y aurions beaucoup gagné.

GRANVELLE.

Les médecins sortent de l'appartement de la reine, & viennent vous rendre compte.

SCENE XLVIII.

PHILIPPE II, GRANVELLE, DES MÉDECINS.

PHILIPPE II, *allant au-devant d'eux.*

COMMENT va la reine ?

UN MÉDECIN.

Mal, très-mal, Sire.

Autre Médecin.

Nous sommes dans la triste néceſſité de prévenir votre majeſté que, vu les progrès ſubits de la maladie, nous ne pouvons répondre de rien.

Philippe II.

Vous me déſolez...... Quoi, déjà ſans eſpérance ?

Un autre Médecin.

Sire, ce ſont la ducheſſe d'Albe & la princeſſe d'Eboly qui adminiſtrent à la reine tout ce que nous ordonnons. Elles peuvent rendre témoignage que nous n'avons rien preſcrit que d'une efficacité reconnüe. Cependant le danger augmente, & nous tremblons que d'un moment à l'autre. ...

Philippe II.

Retournez vîte près d'elle, employez toutes les reſſources de votre art. Dieu, ſauvez-la ! .... Quel coup pour moi, ſi je la perds ! (*Les médecins ſortent.*) (*A Granvelle.*) L'outrage de cet audacieux prince d'Orange me trouble l'eſprit, au point que je ne ſais plus où j'en ſuis. Je ne me poſſede plus.

Granvelle.

Sire, de vils ennemis vous chagrinent ; mais l'égliſe vous défendra contre eux. Une nouvelle bulle, publiée par le pape, vâ vous être préſentée avec le plus grand appareil, & vous dédommagera de tous les ſarcaſmes des hérétiques. La légation attend le moment d'audience.

PHILIPPE II.

Voici notre confesseur..... Laissez - moi seul avec lui, & ne faites introduire le nonce qu'après qu'il se sera retiré. Je suis bien impatient d'apprendre ce qu'il a à me dire. (*Granvelle sort.*)

SCENE XLXIX.

PHILIPPE II, LE PERE ***.

PHILIPPE II.

EH bien, mon pere, avez - vous reçu la confession de la reine ?

LE PERE ***.

Hélas ! oui, Sire.

PHILIPPE II.

Vous avez fait serment de ne me rien cacher, de me révéler tout ce qu'elle a pu vous dire. La religion permet cette espece d'infraction dans certaines circonstances. C'est l'intérêt de l'état, celui de l'église même.

LE PERE ***.

Sire, vous répéter sa confession c'est faire son éloge. Depuis trente années que je tiens le tribunal de la pénitence, je n'ai pas encoer trouvé une conscience si pure, une ame aussi noble, aussi remplie de candeur & de piété. Déchirée par la violence de son mal, elle avoit la force de se contraindre; elle poussoit des cris, mais ne se plaignoit pas. Entiérement disposée à la mort, la desirant même, ayant une confiance parfaite en Dieu; je ne savois que lui dire, car elle étoit résignée d'avance. Elle m'a fait l'aveu général de ses fautes, avec une franchise mêlée d'un repentir si sincere, que j'étois étonné de la voir touchée à ce point pour de légeres fautes, trop communes & trop petites pour être rapportées.

PHILIPPE II.

Etes - vous certain qu'elle vous ait tout dit ?... L'avez-vous bien éprouvée, comme je vous en avois prévenu ?

LE PERE ***.

Ce n'est pas à son dernier moment que le pécheur nous abuse; son intérêt est au-dessus de toutes les opinions mondaines. Il ne perd plus rien à tout dire; & pour taire un seul mot, il risque l'éternité.

PHILIPPE II.

Je pense qu'on peut encore fort bien dissi muler jusques-là. Mais, vous ne lui avez donc point fait avouer la haine secrete qu'elle me portoit, & dont je suis assuré? Voilà cependant un crime capital.

LE PERE ***.

La reine m'a protesté n'avoir jamais conservé d'inimitié réelle envers votre majesté. Elle m'a avoué seulement qu'elle n'avoit jamais pu vous aimer, quelque effort qu'elle ait voulu se faire ; & ne pouvoir pas aimer son mari, suivant les casuistes, n'est point un péché volontaire.

PHILIPPE II.

Non, mais nourrir une passion incestueuse. Est-ce qu'elle auroit nié tout ce que je vous ai révélé au sujet de Dom Carlos ?

LE PERE ***.

Son amour pour le prince votre fils a pris naissance dans un temps où il étoit légitime, puisqu'il devoit être son époux, & contre son gré elle a été forcée de vous donner sa main. Elle a fait tout ce qui est au pouvoir d'une foible mortelle, se combattre soi-même. Et sa vie, depuis l'instant qu'elle est devenue votre épouse, est un sujet de louange, & non de reproche.

PHILIPPE II, *vivement.*

Mais elle s'entendoit avec Dom Carlos.

LE PERE ***.

Uniquement, Sire, pour vos intérêts communs, pour le porter à se vaincre.

PHILIPPE II.

Elle étoit instruite de son départ. Ils conspiroient ensemble contre moi.

LE PERE ***.

Au contraire.... Elle faisoit tous ses efforts pour vous réunir ensemble, & rendre un fils à son pere....

PHILIPPE II.

Au moins defiroit-elle intérieurement ma mort, puifqu'elle étoit forcément unie à moi, & qu'elle ne m'aimoit point. Lui avez-vous fait cette demande mot pour mot, comme je vous l'avois expreffément recommandé ?

LE PERE ***.

Je lui ai tout repréfenté ; j'ai même infifté avec force, & j'ai reconnu par fes réponfes combien fa vertu étoit reftée intacte. Elle étoit encore plus attachée aux principes de la faine morale qu'elle n'étoit éloignée de vous. Et c'eft parce qu'elle ne pouvoit pas vous aimer, qu'elle fe trouvoit indifpenfablement obligée de réparer cette faute involontaire, en employant fa vie à remplir rigidement fes devoirs.

PHILIPPE II.

Vous a-t-elle entretenu de la nature de fon mal ?

LE PERE ***.

Aucunement ; mais il m'a paru d'une violence extrême, & fon accroiffement précipité m'a bouleverfé moi-même. A chaque inftant je voyois la mort qui s'avançoit, & je ne ne l'ai quittée que lorfque dans le dernier accès elle a perdu totalement la parole.

PHILIPPE II, *à demi voix*.

Elle ne vous auroit point fait entendre qu'elle ne croyoit pas fa mort naturelle ?

LE PERE ***, *troublé*.

Elle ne m'a rien dit de semblable. Eh ! qui oseroit imaginer un tel attentat ? Qui pourroit être aussi barbare ? Quel qu'il fût, la vengeance céleste l'atteindroit, & ne permettroit pas qu'un pareil forfait demeurât impuni.

PHILIPPE II.

C'en est assez, retirez-vous...... Non, revenez, écoutez. Je vous ai promis une récompense, vous pouvez la demander. Que desirez-vous ?

LE PERE ***.

De retourner dans mon couvent, d'y vivre désormais en vrai solitaire, & de ne plus être de ma vie mandé à la cour.

PHILIPPE II.

Mais vous avez cependant jusqu'ici témoigné une ardeur assez vive de parvenir. Ce froc ne vous plaisoit pas, je pense ?

LE PERE ***.

Toutes mes idées ambitieuses viennent de s'effacer devant les traits défigurés de cette jeune reine...... Oui, c'étoit un modele de vertu, un ange digne du bonheur éternel. L'aspect d'une mort aussi terrible m'a terrassé. Je la vois, je l'entends encore...... Ses yeux renversés, sa bouche souffrante, son dernier cri.... Ah, Sire.

PHILIPPE II, *se promenant d'un air agité, & faisant signe de la main.*

Allez, allez ; c'est assez. Laissez-moi.

SCENE L.

PHILIPPE II, *seul.*

Tout m'accable, & semble conspirer à troubler mon repos. Plus j'avance, plus je suis en proie aux tourmens. Cette femme étoit la plus douce que j'eusse encore connue. Elle sait que je la fais périr, & garde le silence sans chercher à se venger ! Elle m'épargne aux yeux d'autrui, moi qui ai causé le désespoir de sa vie ! Elle meurt, en espérant une autre vie plus heureuse. C'est ainsi que mon fils a terminé ses jours. Tous ceux dont je me défais, paisibles à leur dernier moment, semblent m'ajourner devant l'Eternel. Que deviendrai-je ! Affreuse incertitude, qui vient trop souvent m'assaillir ! Je me suis dit quelquefois : Rapportons tout à notre existence ; car la lumiere une fois éteinte, le reste est fort douteux. Mais je sens au-dedans de moi-même que je ne saurois m'endormir avec sécurité. La voix de ma femme, celle de mon fils me parlent toujours malgré moi. Ils expirent..... Et qu'ai-je gagné à leur mort ? Ah ! pourquoi ces idées désolantes sont-elles présentes à mon

esprit ! J'ai toujours remarqué que la satisfaction de la vengeance étoit rapide comme
le coup de hache.... Dois-je céder au fan-
tôme épouvantable qui me poursuit ? Mon
imagination en est troublée. Incertain , dé-
sespéré.... Mon fils ! mon épouse ! Dieu vengeur ! (*Il apperçoit Ruy-Gomez.*) Ruy-Gomez , Ruy - Gomez , pourquoi me laissez-
vous seul ? Toutes sortes de pensées sinistres...
des frayeurs inconnues..... Imaginez - vous
quel est mon état. Je crois avoir des remords.

SCENE LI.

PHILIPPE II, RUY-GOMEZ.

RUY-GOMEZ.

Seriez-vous indifposé, Sire ?

PHILIPPE II.

Je ne fais.... Mais vous, tant de morts
précipitées ne vous frappent-elles pas ?

RUY-GOMEZ.

O mon roi ! ô mon maitre ! fouffrez que
je vous rende à vous-même. Revenez à vos
principes fondamentaux, & qui doivent être
inébranlables. Attendez feulement à demain,
& ces momens de foibleffe feront évanouis.
Non, il ne faut point démentir ce caractere
élevé, ferme, inflexible, & que vous avez
merveilleufement foutenu jufqu'ici. Il n'eft
plus tems de reculer ; la moindre marque
de foibleffe ou de repentir vous dévoileroit &
vous aviliroit aux yeux de tout l'univers. Ne
fongez qu'à vous diftraire. Si quelque rebelle exifte encore, il difparoîtra demain.
N'avez-vous pas autour de vous les mêmes
refpects, les mêmes hommages ? Avez-vous
perdu un de vos ferviteurs fideles ? L'Efpagne, l'Italie, ont les yeux attachés fur le
deftructeur des hérétiques. Le fouverain pontife vous envoie en ce moment des marques

authentiques de la prédilection la plus distinguée. Le nonce & les cardinaux n'attendent que le moment de vous remettre cette marque de gratitude du Saint Pere. Je vais les introduire. Jouissez de vos victoires ; tout ce qui est ombre au tableau, s'effacera. Je vais tout disposer, afin que vous soyez bientôt rendu à vos plaisirs secrets. Le passé va s'anéantir dans un profond oubli, & vous avancerez dans un avenir toujours plus varié, toujours plus heureux.

PHILIPPE II, *toujours sombre & agité.*

Faites-les entrer. Oui, dans ce moment-ci cela fera un bon effet, & pourra me distraire. Mais revenez aussi-tôt ; j'ai besoin de vous. (*Ruy - Gomez sort.*) (*A part.*) Cet homme m'est nécessaire....... Il n'y a qu'avec lui que je me trouve moins mal. Quand je reste seul, je me suis à charge à moi-même. Sans cesse il faut me contraindre. Si je ne jouis pas de cette paix, de ce bonheur pour lequel je sacrifie tout, qu'il n'y ait au moins que moi seul qui le sache. Ne mettons pas sur-tout nos ennemis dans le cas de se réjouir de nos peines. Bravons les remords en apparence jusqu'au dernier soupir.

SCENE DERNIERE.

La grande porte du fond s'ouvre entiérement. On voit entrer le légat conduit par Granvelle, Spinola, Ruy-Gomez, quantité de cardinaux, évêques, prêtres, moines, &c. & plusieurs seigneurs avec la suite du Roi.

PHILIPPE II, LE LÉGAT.

Le Légat, *portant la bulle en cérémonie.*

Grand & illustre roi très-catholique, vous le plus puissant prince de la terre, le plus pieux, le plus religieux de tous les mortels, recevez du très-saint Pere les marques distinguées d'affection dont il récompense votre zele pour la foi. Cette nouvelle bulle vous déclare aux yeux de toute la chrétienté le vicaire du saint-siege, le protecteur né de l'église catholique, apostolique & romaine. Réjouissez-vous au milieu des tribulations qui vous environnent; car elles ne sont rien auprès de la gloire dont vous vous couvrez aux yeux des fideles. Poursuivez avec la même ardeur, & bientôt, avec le secours de nos prieres & de nos intercessions, on verra la Hollande rentrer dans le bercail dont elle s'est échappée. Non, l'hérésie ne peut durer long-temps fous vos coups. Tout vous prédit la gloire d'en avoir arraché jufqu'à la moindre racine, & quand vos yeux fe fermeront pour s'ouvrir à la béatitude éternelle, ils auront eu la confolation de voir la terre entiere foumife, par l'effort de vos armes, à la foi catholique, dont vous vous êtes montré le plus intrépide défenfeur. Je vois d'avance toute l'Allemagne & l'Angleterre redevenues catholiques. Il ne reftera plus à votre majefté un feul homme qui ne foit fous le joug de l'églife romaine. Et cette prédiction eft auffi fûre d'être accomplie, qu'il eft vrai que le pape eft infaillible. Sa fainteté envoie au duc d'Albe une épée & un chapeau. Un pareil honneur n'a été accordé jufqu'ici qu'à des princes iffus du fang des rois; mais le S. Pere, veut bien, par grace extraordinaire, récompenfer ainfi les merveilleufes actions d'un général fi précieux à la catholicité.

PHILIPPE II.

Je reçois avec la plus profonde reconnoiffance les titres glorieux dont le pere commun des fideles daigne m'honorer. Ils deviennent un foulagement aux chagrins dont je fuis pénétré. Rendez-lui mes folemnelles actions de graces pour d'auffi grands bienfaits. (*Il donne la lettre.*) Tenez, voici une lettre pour le S. Pere; elle regarde la trifte caufe de mon fils.

L e N o n c e.

Sire, je n'ai osé m'informer de son sort.
Jusqu'ici j'ai tout écouté dans un respectueux
silence, incertain s'il est vrai qu'il ne soit
plus.

P h i l i p p e II.

Hélas! il nous a été ravi, de peur que
la malice du siecle ne changeât son cœur,
& que l'adulation des cours ne séduisît son
esprit. *Il se fait beaucoup de bruit du côté
de la porte de l'appartement de la Reine.
Les médecins en sortent, accablés de tristesse. La duchesse d'Albe, la princesse d'Eboly
& toute la suite de la Reine fondent en larmes.*) Mais ce n'est pas encore la derniere
épreuve que la volonté du Ciel me réser-
voit. Voyez la consternation, les sanglots...
Ah, Dieu! Elisabeth n'est plus!... C'en
est donc fait. Dans un moment si cruel
commandons à la douleur, & ne songeons
qu'à prier pour elle. Venez tous; c'est le
salut de son ame qui doit nous occuper;
les prieres de l'église obtiennent miséricorde.
J'ordonne qu'on commence dès ce jour à
dire des messes pendant trois mois par tous
mes royaumes, & je répandrai des aumônes
abondantes sur chaque église. (*Il s'appuie
sur le légat & sur le nonce, & dit en s'en
allant:*) Approchez, dignes prélats, soute-
nez-moi; venez, Granvelle, Spinola, Ruy-
Gomez, vous les appuis de mon trône. Vous

me voyez accablé de tristesse ; mais si avec
le secours du ciel je parviens à détruire jusqu'au dernier des hérétiques, ma consolation sera entiere, & je propagerai pendant
tout mon regne la foi catholique jusqu'aux
extrêmités de la terre.

F I N.

www.ingramcontent.com/pod-product-compliance
Ingram Content Group UK Ltd.
Pitfield, Milton Keynes, MK11 3LW, UK
UKHW021019140726
13695UKWH00001B/352